Robert Nef, Herausgeber

Dichter der Freiheit

D1942764

Bildung
Medien
Kommunikation

www.hep-verlag.ch
der bildungsverlag

Ott Verlag

Robert Nef (Herausgeber)
Dichter der Freiheit
Ein Friedrich-Schiller-Brevier
ISBN 3-7225-0046-X

Projektleitung: Martin Lind
Umschlag: Atelier Kurt Bläuer, Bern

Bibliografische Information Der Deutschen Bibliothek.
Die Deutsche Bibliothek verzeichnet diese Publikation in der Deutschen Nationalbibliografie; detaillierte bibliografische Angaben sind im Internet unter http://dnb.ddb.de abrufbar.

1. Auflage 2006
Alle Rechte vorbehalten © 2006 h.e.p. verlag ag
Es war nicht in allen Fällen möglich, die Rechteinhaber der Texte und Abbildungen zu eruieren.
Berechtigte Ansprüche werden im Rahmen üblicher Vereinbarungen abgegolten.

h.e.p. verlag ag
Ott Verlag
Bildung.Medien.Kommunikation
Brunngasse 36
CH-3011 Bern

www.hep-verlag.ch

Robert Nef, Herausgeber

Dichter der Freiheit

Ein Friedrich-Schiller-Brevier

h e p Ott Verlag

Motto:

Die Entgegensetzung zweier Notwendigkeiten gibt der Freiheit ihren Ursprung.
Über die ästhetische Erziehung des Menschen, Brief 9

Inhaltsverzeichnis

3. Phantasie und Schönheit

4. Poesie und Wahrheit

5. Widerstand und Ordnung

6. Wille und Schicksal

7. Drei Schlüsseltexte zur Freiheit

Vorwort

von Gerd Habermann

Mit dem von Robert Nef, Zürich, zusammengestellten Schiller-Brevier erscheint ein weiterer Band in der Reihe „Meisterdenker der Freiheitsphilosophie", in der bisher schon Breviere zu Friedrich August von Hayek, Wilhelm Röpke, Ludwig Erhard, Adam Smith, David Hume, Claude Frédéric Bastiat, Ludwig von Mises, Benjamin Constant und Alexis de Tocqueville erschienen sind. Das Schiller-Brevier war für den Herausgeber eine besondere Herausforderung: eine Freiheitsphilosophie in der phantasiereichen Sprache eines Dichters. Robert Nef hat diese Herausforderung gern angenommen und gemeistert. Verdienstlich ist auch die Einleitung von Detmar Doering, die Seiten an Schillers Philosophie hervorhebt, die nicht so bekannt sind.

Diese von der Hayek-Gesellschaft und -Stiftung konzipierte und unterstützte Reihe wird fortgesetzt.

Berlin, im Mai 2006
Prof. Dr. Gerd Habermann

Zum Herausgeber
Robert Nef, lic. iur., geboren 1942 in St. Gallen, ist Leiter des Liberalen Instituts und Mitherausgeber und Redaktor der Schweizer Monatshefte. Er präsidiert die Stiftung für Abendländische Ethik und Kultur und ist Mitglied der Mont Pèlerin Society und der Friedrich-August-von-Hayek-Gesellschaft.

Dank
Ich danke Frau Susanna Ruf, Frau Catrina Scheiwiller, Frau Beatrice Bissoli und Herrn Tomek Wyszynski für die wertvolle Mithilfe bei der Sammlung, Zusammenstellung und Darstellung der Textstellen.

Die Stiftung für Abendländische Ethik und Kultur hat die Herausgabe dieser Publikation in der Reihe „Breviere der Freiheit" wiederum durch einen Beitrag unterstützt.

Einleitung

von Robert Nef

Friedrich Schiller, geboren am 10. November 1759 und gestorben am 9. Mai 1805, ist anläßlich seines 200. Todestages durch neue Biographien und eine Fülle von Veranstaltungen und Publikationen geehrt worden. Er ist möglicherweise der in der Umgangssprache meistzitierte Dichter deutscher Sprache und das Interesse an seinem Werk und vor allem auch an seiner Person hat durch das Jubiläum neue Impulse erhalten. Seine Theaterstücke und seine Gedichte haben während Generationen zum allgemeinen Bildungsgut gehört. Dadurch ist der Eindruck entstanden, Schiller sei zwar kulturhistorisch von großer Bedeutung, hätte aber als Klassiker zur Lösung der aktuellen Probleme kaum mehr etwas beizutragen. Der pathetische Ton, der in vielen seiner Gedichte und Schauspiele vorherrscht, erschwert vor allem auch einer jüngeren Leserschaft den Zugang zum Kern der zunehmend aktuellen Botschaft, daß der Mensch aufgerufen sei, eine aktive selbstbestimmte Rolle zu spielen und sich nicht vom vorherrschenden Zeitgeist treiben zu lassen.

Zum Inhalt des Schiller-Breviers

Die hier vorgelegte Auswahl von Zitaten und Textausschnitten zeigt Schiller als bedeutenden Freiheitsdenker, der den Mut und die Bereitschaft stärkt, Ideale anzustreben und der Stimme des Herzens zu folgen. Nach dem Zweiten Weltkrieg wurde der idealistische Versuch der deutschen Klassiker, das Wahre, das Schöne und das Gute miteinander in Einklang zu bringen, von den tonangebenden Intellektuellen als naive oder gar gefährliche Illusion abgetan. Man predigte und praktizierte den Mut, das Wahre als das Hässliche zu entlarven und im Menschen vor allem das Abgründige und Selbstsüchtige zu sehen.

Das Spannungsfeld von Politik und Wirtschaft beherrscht bis heute die Diskussion, und die Politik wird primär als notwendige Schranke einer zunehmend entfesselten Wirtschaft gedeutet. Schiller hat diese blockierende Bipolarität schon vor über 200 Jahren überwunden. Für ihn führt der Weg zu einer humaneren Gesellschaft über die Kultur – im weitesten und besten Sinn. Es gibt für ihn „keine Lage, die man nicht veredeln könnte durch Leisten und Dulden" und die Vielfalt der hier abgedruckten Texte erleichtert es, den jeweils passenden oder zusagenden Impuls zum einen oder andern zu finden.

Zur Auswahl und Gliederung

Schillers Werk ist eine Fundgrube für kurze prägnante Zitate, die im wahrsten Sinn sprichwörtlich geworden sind. Allein mit Kurzzitaten, die oft aus dem Zusammenhang herausgerissen werden, wird man den anspruchsvollen, aber heute besonders aktuellen Gedanken Schillers nicht gerecht. Die hier vorgelegte Auswahl beschränkt sich deshalb nicht auf eine neu gegliederte Sammlung von kurzen Schiller-Zitaten, in denen der Begriff „Freiheit" vorkommt. Das Brevier richtet sich nicht an Germanisten, Schiller-Spezialisten und Schiller-Forscher. Es will eine primär an Freiheit und Liberalismus interessierte Leserschaft anhand von Schiller auf Dimensionen aufmerksam machen, die über die Ökonomie und die Politik im engern Sinn hinausweisen. Freiheit ist oft als Pendelschlag zwischen zwei Gegensätzen wahrnehmbar. Sie ereignet sich in Spannungsfeldern, in denen das Wahre, das Schöne und das Gute eine entscheidende Bedeutung haben und in denen das Gerechte, Nützliche, Gewinnbringende nicht im Zentrum stehen. Das ist der oft unterschätzte Beitrag, den deutsche Dichter und Denker zur Geschichte des Liberalismus beigesteuert haben. Wer es gewohnt ist, den Liberalismus als eine an der Ökonomie im engern Sinn orientierte, politische Strömung angelsächsischen Ursprungs zu sehen, begegnet in diesem Brevier weiteren Dimensionen: Freiheit als spontane, schöpferische Kraft, durch die das Bewusstsein des Menschen das Sein immer wieder neu beeinflußen kann, Freiheit als die Idee, welche vor der Realität nicht kapituliert, sondern künstlerisch, und unternehmerisch gestaltend mit ihr umgeht, Freiheit als kreative Dissidenz, als Widerstandrecht gegen Entwürdigungen und Entmündigungen aller Art und schließlich die Tugend als Bollwerk der Freiheit.

Die Gliederung ist weder systematisch noch chronologisch. Schiller hat sich lebenslänglich intensiv mit der Freiheitsidee befasst. Sie war für ihn in Anlehnung an ein Tell-Zitat „ein flüchtig Ziel", das er sich „jeden Tag aufs neu" erbeuten musste. Die drei Kernbegriffe des deutschen Idealismus, das Wahre, das Schöne und das Gute kommen in den Kapiteln 4, 3 und 1 zum Zug und werden dort mit den drei typisch Schiller'schen Themenkreisen „Freundschaft", „Phantasie" und „Poesie" konfrontiert. Die drei andern Kapitel „Liebe und Pflicht", „Widerstand und Ordnung" und „Wille und Schicksal" versuchen die ethische, die politische und die historische Auseinandersetzung Schillers mit der Freiheitsidee zu umreissen. Jedes der sechs Kapitel schließt mit einem Gedicht, das die jeweilige Thematik noch einmal poetisch zusammenfasst.

Zitierweise und Darstellung

Der Herausgeber ist Schillers Gesamtwerk als Liebhaber und nicht als Wissenschaftler begegnet. Wenn in diesem Brevier bewußt auch längere Ausschnitte aus den historischen, philosophischen und dramatischen Werken und auch aus den Briefen berücksichtigt wurden, geschieht dies in der Hoffnung, daß dadurch auch zur Lektüre der Originaltexte ermuntert werden kann, die heute in zahlreichen Einzel- und Gesamtausgaben greifbar sind und die wohl in absehbarer Zeit auch mühelos vollständig auf dem Internet zugänglich sein werden. Aus diesem Grund wurde darauf verzichtet, jede einzelne Fundstelle nach der Seitenzahl einer der großen Schiller-Gesamtausgaben nachzuweisen. Das Brevier basiert auf Ausschnitten, die der handlichen sechsbändigen Großherzog Wilhelm Ernst Ausgabe des Inselverlags entstammen und ergänzt werden durch eine Blütenlese aus zahlreichen weiteren Zitatensammlungen.

Drei Werke sind abschließend durch längere Textauszüge vertreten: „Über Anmut und Würde" weil in dieser Schrift die für den deutschen Idealismus zentrale Erkenntnis zum Ausdruck kommt, daß Freiheit gleichzeitig Voraussetzung und Folge eines Wettbewerbs um das Wahre, das Schöne und das Gute ist, und „Die Gesetzgebung des Lykurgus und Solon“, weil darin die menschenverachtenden Komponenten der totalitären Staats- und Gesellschaftsordnung Spartas analysiert und der liberal-demokratischen Verfassung Athens gegenübergestellt werden. Was Schiller anhand seines Vergleichs zweier Stadtstaaten im alten Griechenland aufzeigt, ist die Gefährlichkeit der totalitären Auffassung, das Kollektiv sei wichtiger als das Individuum, jener verhängnisvolle Irrtum, der seine freiheitsvernichtende Blutspur durch das ganze 20. Jahrhundert gezogen hat. Geschichtsdeutung als Warnung und als Möglichkeit des Lernens, Freiheit als stets gleichzeitig unendlich bedrohtes und unendlich resistentes Gut. Abschließend werden drei Schlüsselszenen aus dem „Wilhelm Tell“ abgedruckt, weil Schiller in diesem Schauspiel veranschaulicht, wie sich politische Freiheit im Spannungsfeld von Widerstand und Ordnung entfaltet, wenn sich Individualismus mit Gemeinsinn verbindet und verbündet.

Über Friedrich Schiller

Detmar Doering[1]

Friedrich Schiller ein Brevier wie das Vorliegende zu widmen, bedarf keiner wirklichen Rechtfertigung. In einer Reihe, die Freiheitsdenker und ihr Werk vorstellt, darf er nicht fehlen. Zu bedeutend sind – zumindest im deutschsprachigen Raum – sein Rang im Geistesleben und seine Positionierung für die Sache der Freiheit. Friedrich August von Hayek, dem das erste Brevier dieser Reihe zukam, zählt ihn neben Immanuel Kant und Wilhelm von Humboldt zu den „drei frühesten und größten deutschen Liberalen“ überhaupt. Nur wenige würden ihm dabei widersprechen.

Deutschlands wohl größter Dramatiker hat die Freiheit nicht nur wieder und wieder in seinen Werken thematisiert, sondern er hat sie zum Ausgangspunkt seines künstlerischen Schaffens gemacht, denn, wie er sagt: „...die Kunst ist eine Tochter der Freiheit.“

An Schiller kommt niemand, dem deutsche Kultur am Herzen liegt, vorbei. Dies hat manchmal dazu geführt, daß der Freiheitspathos bewusst ausgeblendet wurde, wenn er inopportun war. Die Nationalsozialisten pflegten trotz ihres Bemühens, ihn für sich zu reklamieren, ein gespanntes Verhältnis zu Schiller. Einerseits wurde 1940 der Spielfilm „Friedrich Schiller“ in propagandistischer Absicht gedreht – eindeutig in der Absicht, Schiller für die Nazis zu vereinnahmen. Andererseits verbot Hitler persönlich den „Wilhelm Tell“ 1941 für die Verwendung im Schulunterricht.

---

[1] Detmar Doering, Jahrgang 1957, Dr. phil, ist Leiter des Liberalen Instituts der Friedrich-Naumann-Stiftung in Potsdam.

Dies ist bezeichnend. Schillers Platz in der deutschen Gemüts- und Mythengeschichte, der ihn zu einer Art Nationalsymbol werden ließ, machte es den unterschiedlichsten und diametral entgegen gesetzten politischen Strömungen möglich, sich auf ihn zu berufen oder ihn für sich zu reklamieren. So absurd und obszön diese Reklamierung seitens der Nationalsozialisten auch war, der Schillermythos schien selbst in diesem Umfeld für eine Zeit plausibel zu sein. Und ohne weitere Umschweife konnte, um die Sache komplett zu machen, anschließend 1955 der Dichter und damalige Kulturminister der „DDR", Johannes R. Becher, verkünden: „Denn er ist unser! Das erste Mal in der Geschichte unseres Volkes ist ‚auferstanden aus Ruinen' ein deutscher Staat, der die Grundlagen geschaffen hat, um Schillers Vermächtnis zu erfüllen."

Der deutsche Nationalmythos Schiller verdeckt in vieler Hinsicht den eigentlichen Schiller. Schiller findet sich hier in bester Gesellschaft, ging es doch anderen Zeitgenossen – etwa Wilhelm von Humboldt oder Goethe – ebenso. Mit diesem Namen kann sich jeder schmücken. Vor einer solchen Totalvereinnahmung muß man Schiller denn doch bisweilen schützen.

Andererseits zeigt die Instrumentalisierung Schillers für alle möglichen politischen Zielrichtungen auch Brüche oder Undeutlichkeiten in seinem Werk auf. Schiller politisch zu verstehen, heißt, sich auch damit auseinander zu setzen.

Dabei stellt sich ein Problem. Schiller war kein politischer Philosoph im eigentlichen Sinne, aber die Politik hat einen solchen Stellenwert in seinem Oeuvre, daß seine Einordnung immerhin so klar genommen werden kann, daß der Missbrauch seines Namens durch totalitäre Regime schnell als ein ebensolcher zu entlarven ist.

Schon sein erstes großes Werk, das Drama „Die Räuber" von 1782, zeigt Schillers Grundthema auf, nämlich das Verhältnis des Individuums (hier der Räuberhauptmann Karl Moor, der die Widersprüche von Bosheit und Größe vereint) zu Gesetz und Gesellschaft. Dabei kommt ein individualistischer und rebellischer Zug zum Tragen, von dem der erst 23-jährige Dichter auch selbst erfasst wird. Obwohl ihm, der seit 1773 als Zwangseingezogener an der Militärakademie in Stuttgart Medizin studiert, die Teilnahme verboten ist, wohnt er der

Uraufführung bei. Es ist die Zeit des „Sturm und Drang“ in der Literatur, die das Unkonventionelle und den Vorrang des Genies über die Gesellschaft zelebriert. Das ging seinen Vorgesetzten zu weit. Bald wird ihm jede dichterische Tätigkeit untersagt. Schiller desertiert und flieht nach Thüringen und dann nach Mannheim, wo ein liberalerer Geist weht.

„Von den führenden Stürmern und Drängern“, schreibt Friedrich C. Sell 1953 in seinem Buch „Die Tragödie des deutschen Liberalismus“, „war er der einzige, der an sich persönlich erfuhr, was Freiheitsbeschränkung bedeutete, und dieses Erlebnis hat seine Dichtung bestimmt, insofern Freiheit in der einen oder anderen Form das Thema seiner Dramen bildete...“ So ist denn auch das Zitat aus den „Briefen über Don Karlos“ zu verstehen: „Die schönsten Träume von Freiheit werden im Kerker geträumt.“

Weitere Theatererfolge stellen sich ein, so etwa der „Fiesko“ und „Kabale und Liebe“ im Jahre 1784. Der Übergang vom „Sturm und Drang“ zur „klassischen“ oder „idealistischen“ Phase seines Schaffens ist von vertiefter Reflexion über die theoretischen Grundlagen geprägt. Er pflegt Umgang mit den großen Geistern seiner Zeit, vor allem mit Johann Wolfgang Goethe, mit dem ihn seit 1794 eine tiefe Freundschaft verbindet. Historische Schriften wie die „Geschichte des Abfalls der vereinigten Niederlande“ (verfasst 1788 als er eine unbesoldete Stelle als Geschichtsprofessor in Jena bekommt) folgen, aber auch etliche klassische Stücke wie den „Don Karlos“ (1787), die seine politische Philosophie untermauern.

Die darin sichtbare Verbindung von Ästhetik und politischem Denken zeichnet auch seine kunsttheoretischen Schriften wie „Über die ästhetische Erziehung des Menschen“ (1795) aus. An ihnen lässt sich sein Grundthema, das Individuum und seine Entwicklung im kulturellen und sozialen Kontext, aufzeigen.

Die menschliche Natur als Antrieb der Geschichte ist laut Schiller zweigeteilt in den Stofftrieb (Instinkte, Affekte) und Formtrieb (Intellekt, Wissen). Während des primitiven Anfangs menschlich-kultureller Entwicklung dominiert der grobe Stofftrieb. Ab einem bestimmten Stadium gibt es eine instinktiv-intellektuelle Harmonie zwischen den Trieben. Wohl den Thesen des Kunsthistorikers Johann Joachim Winckelmann folgend, verortet er diese Phase real in das klassische Griechenland – ohne dabei allerdings in einen strikten Klassizismus zu verfallen.

Das Gleichgewicht der Triebe ist aber instabil. Nach dem Zerfall der ersten Harmonie gehen die Triebe verschiedene Wege – was etwa die vermeintliche kulturelle Inferiorität des Römertums gegenüber dem antiken Griechenland erkläre. Der Formtrieb spezialisiere, so Schiller, sich zunehmend arbeitsteilig (Wissenschaft) und entferne sich von der Wirklichkeit. Der Stofftrieb werde so nicht mehr wirklich kontrolliert und gebändigt. Es drohe Verrohung und Verweichlichung. Der Gegensatz führe zur inneren Spaltung und Entfremdung des Individuums.
Die eigene Zeit, die aufklärerische „Moderne", sieht Schiller als Höhepunkt der Spaltung. Als rein formale Reflexion und wild gewordenes Gefühl stehen die beiden Triebe unvermittelt einander gegenüber. Hier sieht Schiller vor allem die Aufgabe der Literatur, die als „dritten Trieb" den Spieltrieb einführt. Literatur und Spiel sind durch einen Mangel an unmittelbarem Realitätsbezug gekennzeichnet. Die Literatur soll bei Schiller dazu beitragen, daß Stofftrieb und Formtrieb zusammengeführt werden können.

Schillers „Entfremdungstheorie" hat zweifellos mitgeholfen, einen anti-modernistischen „deutschen Sonderweg" in der Geistesgeschichte zu initiieren, der zumindest in seiner marxistischen Ausfertigung genau jene Kräfte des liberalen Rechtsstaats zu unterminieren half, der Schiller so sehr am Herzen lag. Jedenfalls hat die Schillersche Entfremdungslehre ein Merkmal, das sie selbst heute noch bei den Gegnern des Freihandels und der Globalisierung populär macht, nämlich einen recht strengen Anti-Ökonomismus. Ökonomie ist für ihn der Triumph des materiellen über den Geist. Eine Marktordnung, so muß man aus den wenigen Passagen schließen, in denen er sich überhaupt am Rande damit befaßt, wird immer als Fremdbestimmung begriffen, die durch den Preismechanismus und die Arbeitsteilung Mensch und Umfeld spaltet: „... der Genuß wurde von der Arbeit, das Mittel vom Zweck, die Anstrengung von der Belohnung geschieden. Ewig nur an ein einzelnes kleines Bruchstück des Ganzen gefesselt, bildet sich der Mensch nur als Bruchstück aus, ewig nur das eintönige Geräusch des Rades, das er umtreibt, im Ohre, entwickelt er nie die Harmonie seines Wesens, und anstatt die Menschheit in seiner Natur auszuprägen, wird er bloß zu einem Abdruck seines Geschäfts."

Die liberale Wirtschaftslehre Mandevilles, der Physiokraten oder Adam Smiths, daß im Zustand der „natürlichen" Freiheit aus dem Egoismus der einzelnen ein harmonisches Ganzes entstehen könne, fand er so merkwürdig, daß er meinte, dies gleiche einem Orchester, daß die Harmonie seines Spiels dadurch bewirke, daß jeder einzelne Musiker falsch spiele.

Man kann sich fragen, ob dieser Anti-Ökonomismus notwendig seiner Philosophie entspringt. Für die aus der Unterscheidung von Form- und Stofftrieb entspringende Entfremdungslehre muss man dies wohl bejahen. Die Reklamierung Schillers durch eine durchaus nicht liberale „Linke" findet hier zweifellos Nahrung. Man könnte Schiller natürlich auch anders weiter denken. Seine evolutionäre, das freie Spiel betonende politische Philosophie ähnelt in mancher Hinsicht durchaus der modernen Markttheorie, die eine offene und regelgeleitete „spontane Ordnung" (Friedrich August von Hayek) in den Mittelpunkt stellt. Es wäre reizvoll gewesen, den (als Schriftsteller ökonomisch ja durchaus erfolgreichen) Schiller sich mit dieser Theorie auseinandersetzen zu sehen...

Ein klarer liberaler Ansatz ist indes deutlicher erkennbar: Bei der ebenfalls aus der Unterscheidung von Stoff- und Formtrieb erwachsenden Ordnungslehre ist der Fall weniger klar, denn hier tritt eine deutliche – wenn auch dem Idealismus verhaftete – liberale Note zum Vorschein. Sie beinhaltet eine Lehre von der Beschränkung staatlicher Macht zur Wahrung der Freiheit. Sie könnte, wenn sie Ernst genommen wird, die potentielle Marktfeindlichkeit Schillers neutralisieren, denn der in seiner Macht reduzierte Staat, der ihm hier vorschwebt, hätte keine interventionistischen Kapazitäten mehr.

Der Gegensatz von Stoff- und Formtrieb wird bei ihm Grundlage einer liberalen Ordnungstheorie. Dabei spielte bei ihm – wie bei den meisten Zeitgenossen – das Ereignis der französischen Revolution bei der politischen Bewusstseinswerdung eine zentrale Rolle. Der Freiheitsimpuls der Revolution hinterließ bei ihm einen solchen Eindruck, daß er zunächst Kants Enthusiasmus darüber teilte, was 1792 dazu führte, daß ihm die französische Nationalversammlung das französische Bürgerrecht verlieh. Dieser Freiheitsimpuls blieb erhalten, doch er erfuhr klare Modifikationen als die Revolution in die jakobinische Terrorherrschaft umschlug. Die Vorbedingungen dafür, daß rohe Freiheit sich nicht selbst aufhebe, rücken seither in den Mittelpunkt des Schillerschen Denkens. Kritisch merkt er in den „Briefen über die ästhetische Erziehung" von 1795 an:

„Wenn der mechanische Künstler seine Hand an die gestaltlose Masse legt, um ihr die Form seiner Zwecke zu geben, so trägt er kein Bedenken, ihr Gewalt anzutun; denn die Natur, die er bearbeitet, verdient für sich selbst keine Achtung, und es liegt ihm nicht an dem Ganzen um der Teile willen, sondern an den Teilen um des Ganzen willen."

Schiller greift hier ein Thema auf, daß (nicht nur) in Deutschland das gesamte politische Denken geradezu dominieren soll. Die Auseinandersetzung mit der Französischen Revolution bleibt direkt oder indirekt bis tief in das 19. Jahrhundert hinein für fast jegliche politische Grenzziehungen bestimmend. Selbst unter aufgeklärten Liberalen, die die Ziele der Revolutionäre weitgehend teilen, macht sich eine gewisse Skepsis gegenüber dem eigentlichen – als unkontrollierbar empfundenen – Umwälzungscharakter großer Revolutionen breit. Schiller hat hier viel mit Wilhelm von Humboldt gemeinsam, dessen 1792 (übrigens in Schillers Zeitschrift „Neue Thalia") teilweise veröffentlichte Schrift „Ideen zu einem Versuch, die Grenzen der Wirksamkeit des Staates zu bestimmen" zwar die minimalstaatliche Grundidee des Liberalismus in äußerster Radikalität formulierte, aber gleichzeitig das Prinzip evolutionärer Reform vor das Prinzip der Revolution stellte. Dahinter steckt eine gewisse Logik, die Schiller hier teilt. Die revolutionäre und umfassende Revolution bedeutet selbst dann keine Minimierung von Macht zugunsten von Rechtsstaatlichkeit und beschränkter Staatsmacht wenn sie diese als Ziele proklamiert. Sie ist in jedem Fall ein Akt unbeschränkter Machtausübung, die „mechanisch" über die Menschen und ihre selbst gewählten Ziele gestülpt wird. Das, was Schiller zum Anti-Absolutisten machte, machte ihn auch zum Revolutionskritiker. Die damit verbundene Freiheitsidee, die den Menschen davor schützen soll, zum bloßen Mittel zum Zwecke anderer herabgewürdigt zu werden, ist ein zeitlos gebliebener Glaubenssatz aller echten Liberalen geblieben.

Diese Botschaft fand schon früh in seinen Stücken Eingang. Geradezu seherisch ist die 1787/88 – also kurz vor der Revolution entstandene – Tragödie „Don Karlos", wo der aufklärerisch-revolutionär gesonnene Marquis von Posa zwar den begeisterten Appell hervorbringt: „Ein Federzug von dieser Hand, und neu erschaffen wird die Erde. Geben Sie Gedankenfreiheit." Dennoch ist er gerade nicht der positive Held des Stückes, sondern hinterlässt den Eindruck gefährlicher Zwiespältigkeit. Genauso steht es 1804 um den „Wilhelm Tell". So sympathisch der unpolitische Tyrannentöter mit der Armbrust auch ist, er bedarf als Ergänzung der politisierten Bürger auf der Rütliwiese, die sich – ganz kulturgebunden – auf reale, verbriefte Freiheitsurkunden berufen und entsprechend institutionell gesichert agieren. Oder wie einer von ihnen, Werner Stauffacher, sagt:

> „Wir stiften keinen neuen Bund, es ist
> Ein uralt Bündnis nur von Väterzeit,
> Das wir erneuern! Wisset Eidgenossen!"

Um Freiheit zu sichern, so Schiller 1795, bedarf es genau solcher Gebundenheiten: „Ganz anders verhält es sich mit dem pädagogischen und politischen Künstler, der den Menschen zugleich zu seinem Material und zu seiner Aufgabe macht. Hier kehrt der Zweck in den Stoff zurück, und nur weil das Ganze den Teilen dient, dürfen sich die Teile dem Ganzen fügen."

Solch eine Botschaft entbehrt nicht der Klarheit. Schiller ist mehr als ein beliebig zitierbarer Nationalmythos. Daß er zugleich auch – unbeabsichtigt! – Stichworte für jene lieferte, die den Entfremdungsgedanken von der Idee einer freiheitlichen Ordnung lösten, kann nicht bestritten werden. Wie Schiller mit dieser Herausforderung fertig geworden wäre, kann nur Gegenstand von Spekulation sein. Wie hätte Schiller auf die wirtschaftliche Seite der liberalen Erfolgsgeschichte des

19. Jahrhunderts – die Zunahme des Massenwohlstands durch Industrialisierung – reagiert? Diese große sozio-ökonomische Umwälzung, die zu seiner Zeit allenfalls in England erahnbar wurde, war in Schillers Todesjahr 1805 in Deutschland nicht einmal ansatzweise greifbar. Man kann annehmen, daß er skeptisch gewesen wäre, ob dies segensreiche Auswirkungen habe. Zu sehr sind seine politisch-philosophischen Ideen einer Gesellschaftsidee entsprungen, die von dem aristokratischen Ideal einer von existentiellen Zwängen freien kulturellen Muße geprägt ist. Man kann als Realist seine Zweifel haben, ob die schöngeistige Literatur und der Spieltrieb tatsächlich ein annähernd hinreichender Weg zur Schaffung einer idealen Gesellschaftsordnung sein kann. Wie den meisten deutschen Idealisten kann man Schiller eine gewisse Ferne zur Auseinandersetzung mit den Realitäten der Welt nicht absprechen. Auch der Appell an die Historie des „uralt Bündnis" der „Väterzeit" ändert daran nichts, eröffnet er doch letztlich wenig pragmatische Handlungsoptionen.

Was bleibt, ist ein Denker und Dramatiker, dem die Freiheit der zentrale Wert blieb, der dabei aber auch auf Probleme aufmerksam macht. Schillers Werk von seinem Freiheitsdenken loszulösen, heißt, ihm nicht gerecht zu werden. Während die philosophische und politische Ausformulierung seiner Freiheitsidee unvollkommen geblieben ist, war es Schillers großes Verdienst, dieser Idee eine literarische Gestalt und Pathos verliehen zu haben, die ihrem Anspruch, „klassisch" zu sein, in jeder Hinsicht gerecht wurde. Diesen eigentlichen Schiller gilt es immer wieder zu entdecken.

Schillers Leben, Zeittafel

1759 Am 10. November wird Johann Christoph Friedrich Schiller in Marbach am Neckar als zweites Kind der Gastwirtstochter Elisabeth Dorothea Schiller geb. Kodweiss und des Wundarztes Johann Caspar Schiller, Leutnant im Regiment von Herzog Carl Eugen von Württemberg geboren.

1765 Nachdem die Familie Schiller nach Lorch in Schwäbisch Gmünd gezogen ist, erhält der sechsjährige Friedrich Schiller Elementar- und später Griechisch- und Lateinunterricht bei Pfarrer Philipp Ulrich Moser.

1766 Schillers Vater wird in die Residenzstadt Ludwigsburg versetzt, wo sein Sohn die Lateinschule zur Vorbereitung auf eine geistliche Laufbahn besucht.

1772 Entstehung erster Dramenskizzen, die jedoch verschollen sind.

1773 Friedrich Schiller tritt nach mehrmaliger Aufforderung durch Herzog Carl und gegen den Willen seiner Eltern in die Militärische Pflanzschule ein; Kasernierung auf der „Solitude".

1774 Zu Beginn des Jahres Aufnahme des Jurastudiums. Die Eltern bestätigen schriftlich die lebenslängliche „Übereignung" ihres Sohnes Friedrich in die Verfügungsgewalt des Herzogs. Lektüre von Goethes Werther.

1775 Wahrscheinlich erste Konzeption der Räuber. Verlegung der Militärakademie von der „Solitude" nach Stuttgart.

1776 Zu Beginn des Jahres Wechsel zum Medizinstudium. Schiller hört bei Professor Jakob Friedrich Abel Philosophie, Psychologie, Ästhetik, Moral und Geschichte. Abel wird eine bedeutende Persönlichkeit für Schillers Entwicklung. Er macht ihn mit

Shakespeare bekannt. Im von seinem Lehrer Haug herausgegebenen „Schwäbischen Magazin“ erscheint sein erstes Gedicht: Der Abend.

1779 Schillers Abschlussarbeit „Philosophie und Physiologie“ wird abgelehnt, und er muß noch ein Jahr auf der Militärakademie bleiben.

1780 Schillers zweite Dissertation unter dem Titel: „Über den Zusammenhang der tierischen Natur des Menschen mit seiner geistigen“ wird angenommen. Er schließt die Militärakademie ab und erhält eine Anstellung als Regimentsarzt in Stuttgart.

1782 Uraufführung der Räuber am 13. Januar im Nationaltheater in Mannheim in Anwesenheit des heimlich angereisten Schiller. Es wird ein überwältigender Erfolg. Im Frühling erscheint seine Gedichtsammlung „Anthologie auf das Jahr 1782“. Im März Gründung einer Zeitschrift u.a. zusammen mit Abel: „Würtembergisches Repertorium der Literatur“. Im Mai Reise nach Mannheim ohne Urlaubsantrag, worauf ihn Herzog Carl Eugen zu zweiwöchigem Arrest und Erteilung eines Schreibverbots verurteilt. Im September flüchtet er aus Stuttgart nach Mannheim. Er beendet die Arbeiten an „Die Verschwörung des Fiesko zu Genua“. Im Dezember quartiert er sich auf dem Anwesen der Frau von Wolzogen unter dem Pseudonym „Dr. Ritter“ ein.

1783 In Bonn wird am 20. Juli der Fiesko uraufgeführt. Schiller kehrt im Juli nach Mannheim zurück, wo er als Theaterdichter eine Anstellung erhält. Im Herbst erkrankt er schwer an Malaria.

1784 Uraufführung von „Kabale und Liebe“ in Frankfurt a. M. am 13. April. Im Juni Antrittsrede Schillers in der Kurfürstlich Deutschen Gesellschaft „Vom Wirken der Schaubühne auf das Volk“, später als „Die Schaubühne als moralische Anstalt betrachtet“ abgedruckt. Ende August läuft der Vertrag als Theaterdichter aus und wird nicht verlängert. Ende Dezember liest Schiller vor dem Hof in Darmstadt in Anwesenheit des weimarschen Herzogs Carl August aus dem ersten Akt seines „Don Karlos“.

1785 Die einzige Nummer der „Rheinischen Thalia“ (zählt später als erstes Heft der „Thalia“) erscheint im März. In der „Thalia“ bis

1787 bruchstückhafte Publikation des Don Karlos.
Übersiedlung nach Dresden im Herbst. Finanzielle Notlage, in der ihn sein Freund Christian Gottfried Körner unterstützt.

1786 Schiller arbeitet weiter an „Don Karlos“ und betreibt historische Studien.

1787 In Hamburg wird am 29. August der „Don Karlos“ uraufgeführt. Schiller besucht Weimar und lernt Johann Friedrich Wieland und Johann Gottfried Herder kennen. In Rudolstadt begegnet er seiner späteren Frau Charlotte von Lengefeld.

1788 Im Februar beginnt der Briefwechsel mit Charlotte von Lengefeld. Anfang September trifft er Goethe in Rudolstadt, der ihn im Dezember für eine Professur in Jena vorschlägt.

1789 Schiller wird zum Professor ernannt und zieht um nach Jena. Dort hält er die berühmt gewordene Antrittsvorlesung zum Thema: „Was heißt und zu welchem Ende studiert man Universalgeschichte?“. Er verlobt sich mit Charlotte von Lengefeld. Ende Dezember schließt er Bekanntschaft mit Wilhelm von Humboldt.

1790 Er bekommt ein Jahressalär von 200 Talern durch Herzog Carl August und wird durch den Meininger Hof zum Hofrat ernannt. Im Februar heiratet er Charlotte von Lengefeld. Schiller arbeitet an der Geschichte des Dreißigjährigen Kriegs, die im Oktober in Folgen zu erscheinen beginnt.

1791 Ausbruch der später chronisch werdenden Lungen- und Rippenfellentzündung. Schiller studiert die „Kritik der reinen Urteilskraft“ und die „Kritik der reinen Vernunft“ von Immanuel Kant. Im Dezember gewähren ihm Herzog Friedrich Christian von Holstein-Augustenburg und Finanzminister Graf Ernst von Schimmelmann ein dreijähriges Stipendium zur Wiederherstellung seiner Gesundheit und für ungestörte Arbeit.

1792 Angeregt durch Kant schreibt Schiller weitere ästhetische Studien. Durch die Vermittlung Körners schließt er Bekanntschaft mit Friedrich Schlegel. Im August verleiht die Französische Nationalversammlung Schiller wegen seiner Verdienste um die Sache der Freiheit den Ehrentitel eines „Citoyen Français“.

1793 In den Schriften „Über Anmut und Würde“ und „Über das Erhabene“ werden erste Ergebnisse der ästhetischen Studien veröffentlicht. Im August reist Schiller mit seiner Frau nach Württemberg, wo am 14. September sein erster Sohn, Karl Friedrich Ludwig geboren wird. Ende September trifft er erstmals Friedrich Hölderlin. Als Dank für die finanzielle Unterstützung entstehen die philosophisch-ästhetischen Briefe an den Herzog von Augustenburg (Briefe an den Augustenburger), die im folgenden Jahr, in erweiterter und veränderter Form, in den Horen unter dem Titel „Über die ästhetische Erziehung des Menschen“ in einer Reihe von Briefen publiziert werden.

1794 Mitte Mai kehrt Schiller nach Jena zurück. Im Juli spricht er nach einer Sitzung der Naturforschenden Gesellschaft mit Goethe über dessen Art der Naturbetrachtung. Dies ist der Beginn der Freundschaft mit Goethe und des bedeutsamen Briefwechsels der beiden. Im September besucht er Goethe in Weimar. Seit dem Sommer hat er auch regelmäßigen Kontakt mit Humboldt und Fichte.

1795 Nun erscheinen die ersten Ausgaben der Horen, die u.a. die Fortsetzung von Schillers „Ästhetischen Briefen“ und seine wichtigste literaturtheoretische Abhandlung „Über naive und sentimentalische Dichtung“ enthalten. Er wendet sich wieder vermehrt der Dichtkunst zu; es entstehen die Gedichte „Das Ideal und das Leben“, „Das verschleierte Bild zu Sais“ und „Der Spaziergang“.

1796 Der „Musen-Almanach“ erscheint, in dem die mit Goethe gemeinsam gedichteten Xenien abgedruckt sind. Im April trifft er erstmals Friedrich Wilhelm Joseph Schelling und im Juni Jean Paul. Am 23. März stirbt Schillers Schwester Nanette und am 7. September stirbt sein Vater. Am 11. Juli wird sein zweiter Sohn, Ernst Friedrich Wilhelm geboren.
Schiller arbeitet am „Wallenstein“ und intensiviert seine Freundschaft mit Wilhelm von Humboldt.

1797 Es ist das sogenannte Balladenjahr: Im Wettstreit mit Goethe entstehen u.a. die Balladen „Der Taucher“, „Der Handschuh“,

„Der Ring des Polykrates“ und „Die Kraniche des Ibykus“. Schiller dichtet den Wallenstein in Verse um.

1798 Im März wird Schiller zum unbesoldeten Honorarprofessor an der Universität Jena ernannt. Im umgebauten Weimarer Theater findet am 12. Oktober die Uraufführung von „Wallensteins Lager“ statt.
Im November besucht ihn Goethe längere Zeit in Jena.

1799 In Weimar werden die Werke „Die Piccolomini“ (am 30. Januar) und „Wallensteins Tod“ (am 20. April) uraufgeführt. „Wallenstein“ ist nun beendet, und es folgt die Arbeit an „Maria Stuart“. Anfang Dezember siedelt die Familie nach Weimar über.
Am 11. Oktober kommt seine Tochter Caroline Luise Friederike zur Welt; danach erkrankt seine Frau schwer.
Das „Lied von der Glocke“ wird in den „Musen-Almanach“ für das Jahr 1800 aufgenommen.

1800 Schiller erkrankt im Februar an Nervenfieber.
Uraufführung von Maria Stuart am 14. Juni in Weimar. Er beginnt mit der Arbeit an der „Jungfrau von Orleans“. Ende Juni wird die Wallenstein-Trilogie publiziert.

1801 Anfang August reist Schiller nach Dresden, wo er Körner ein letztes Mal sieht. Am 11. September wird die „Jungfrau von Orleans“ in Leipzig uraufgeführt. Schiller bearbeitet „Turandot“ von Gozzi.

1802 Am 29. April stirbt Schillers Mutter.
Mitte August beginnt er mit der Arbeit an der „Braut von Messina“. Mitte November erhält er das Adelsdiplom aus Wien.

1803 Am 19. März wird die „Braut von Messina“ in Weimar uraufgeführt. Seit September arbeitet er am „Wilhelm Tell“. Erste Begegnung mit Madame de Staël im Dezember.

1804 Uraufführung des „Wilhelm Tell“ in Weimar am 17. März. April bis Mai: Reise nach Berlin, wo er u.a. auch eine Audienz bei Königin Luise im Schloss Charlottenburg hat, an der sie sich auch über eine mögliche Umsiedlung Schillers nach Berlin unterhalten.
Am 25. Juli kommt die Tochter Emilie Henriette Luise in Jena

zur Welt. Seit dem Spätsommer mehren sich Schillers Krankheitsanfälle.

1805 Mitte Januar schließt er die Übersetzung von Racines „Phèdre“ ab. Seit Februar ist Schiller schwer krank. Trotz starken Fieberanfällen durch eine Lungenentzündung arbeitet er weiter am „Demetrius“. Am ersten Mai begegnet er zum letzten Mal Goethe anläßlich eines Theaterbesuchs.
Am 9. Mai verstirbt Schiller.

1. Freundschaft und Tugend

Freiheit als verantwortete Zuwendung

Denn über alles geht doch der Freund,
Ders fühlend erst erschafft, ders teilend mehrt.
Wallensteins Tod, V, 3, Wallenstein

Das erste Gesetz des guten Tons ist: Schone fremde Freiheit. Das zweite: Zeige selbst Freiheit. Die pünktliche Erfüllung beider ist ein unendlich schweres Problem, aber der gute Ton fordert sie unerläßlich, und sie macht allein den vollendeten Weltmann.
An Körner, 23. Februar 1793

Freiheit in Freundschaft – Freundschaft in Freiheit

Die Freiheit des andern ist heilig
Mein Abzug aus Rudolstadt ist mir in der Tat schwer geworden, ich habe dort viele schöne Tage gelebt und ein sehr wertes Band der Freundschaft gestiftet. Bei einem geistvollen Umgang, der nicht ganz frei ist von einer gewissen schwärmerischen Ansicht der Welt und des Lebens, so wie ich sie liebe, fand ich dort Herzlichkeit, Feinheit und Delikatesse, Freiheit von Vorurteilen und sehr viel Sinn für das, was mir teuer ist. Dabei genoß ich einer unumschränkten inneren Freiheit meines Wesens und die höchste Zwanglosigkeit im äusserlichen Umgang, und Du weißt, wie wohl einem bei Menschen ist, denen die Freiheit des anderen heilig ist. Dazu kommt, daß ich wirklich fühle, gegeben und im gewissen Betrachte wohltätig auf diese Menschen gewirkt zu haben. Mein Herz ist ganz frei, Dir zum Troste; ich habe es redlich

gehalten, was ich mir zum Gesetz machte und Dir angelobte; ich habe meine Empfindungen durch Verteilung geschwächt, und so ist denn das Verhältnis innerhalb den Grenzen einer herzlichen, vernünftigen Freundschaft. Übrigens ist dieser Sommer nicht unwichtig für mich, wie ich Dir, glaube ich, schon geschrieben habe. Ich bin von mancherlei Dingen zurückgekommen, die mich auf dieser Lebensreise oft schwer gedrückt haben, und hoffe, mich künftig mit mehr innerer Freiheit und Energie zu bewegen. Doch das wird sich in der Folge besser merken als jetzt beschreiben lassen.
An Körner, Weimar, 14. November 1788

Wem der große Wurf gelungen,
Eines Freundes Freund zu sein,
Wer ein holdes Weib errungen,
Mische seinen Jubel ein!
Ja – wer auch nur eine Seele
Sein nennt auf dem Erdenrund!
Und wers nie gekonnt, der stehle
Weinend sich aus diesem Bund!
Aus: „An die Freude"

Vergiss nicht, was ein Freund wiegt in der Not
Sei immer menschlich, Herr, im Glück, wie du's
Im Unglück warst – und auf der Größe Gipfel
Vergiss nicht, was ein Freund wiegt in der Not,
Du hast's in der Erniedrigung erfahren.
Verweigre nicht Gerechtigkeit und Gnade
Dem Letzten deines Volks, denn von der Herde
Berief dir Gott die Retterin – Du wirst
Ganz Frankreich sammeln unter deinen Szepter,
Der Ahn- und Stammherr großer Fürsten sein;
Die nach dir kommen, werden heller leuchten,
Als die dir auf dem Thron vorangegangen.
Dein Stamm wird blühn, solang er sich die Liebe
Bewahrt im Herzen seines Volks.

Der Hochmut nur kann ihn zum Falle führen,
Und von den niedern Hütten, wo dir jetzt
Der Retter ausging, droht geheimnisvoll
Den Schuld befleckten Enkeln das Verderben!
Die Jungfrau von Orleans, III, 4, Johanna zu König Karl

Ein Freund gibt Freude am Leben und Kraft zum Handeln
Mein Herz und Geist würde sich an ihm wärmen, und er scheint jetzt auch einer wohltätigen Geistesfriktion nötig zu haben. Sie haben sehr recht, wenn Sie sagen, daß nichts über das Vergnügen gehe, jemand in der Welt zu wissen, auf den man sich ganz verlassen kann. Und das ist Körner für mich. Es ist selten, daß sich eine gewisse Freiheit in der Moralität und in Beurteilung fremder Handlungen oder Menschen mit dem zärtesten moralischen Gefühl und mit [einer] instinktartigen Herzensgüte verbindet wie bei ihm. Er hat ein [freies,] kühnes und philosophisch aufgeklärtes Gewissen für die Tugenden [und Fehler] anderer und ein ängstliches für sich selbst. Gerade das Gegenteil [dessen, was m]an alle Tage sieht, wo sich die Menschen alles und [ihren Ne]benmenschen nichts vergeben.

Freier als er von Anmaßung ist niemand; aber er braucht einen Freund, der ihn seinen eignen Wert kennen lehrt, um ihm die so nötige Zuversicht zu sich selbst, das, was die Freude am Leben und die Kraft zum Handeln ausmacht, zu geben. Er ist dort in einer Wüste der Geister. Die Kursachsen sind nicht die liebenswürdigsten von unsern Landsleuten, aber die Dresdner sind vollends ein seichtes, zusammengeschrumpftes, unleidliches Volk, bei dem es einem nie wohl wird. Sie schleppen sich in eigennützigen Verhältnissen herum, und der freie, edle Mensch geht unter dem hungrigen Staatsbürger ganz verloren, wenn er anders je dagewesen ist. Zuweilen begegnet man einem verstümmelten Abdruck oder vielmehr einer Ruine, die ehmals Geist oder Herz beseelte.
An Charlotte von Lengefeld und Caroline von Beulwitz, Weimar, 4. Dezember 1788

Der Freundschaft leise zarte Hand
Du, die du alle Wunden heilest,
Der Freundschaft leise, zarte Hand,
Des Lebens Bürden liebend teilest,
Du, die ich frühe sucht' und fand,
Und du, die gern sich mit ihr gattet,
Wie sie der Seele Sturm beschwört,
Beschäftigung, die nie ermattet,
Die langsam schafft, doch nie zerstört,
Die zu dem Bau der Ewigkeiten
Zwar Sandkorn nur für Sandkorn reicht,
Doch von der grossen Schuld der Zeiten
Minuten, Tage, Jahre streicht.
Aus „Die Ideale"

Dem Freund Körner zur Hochzeit
Der die Wonne nie gekannt,
Nie der Liebe Gaben,
Den man Vater nie genannt,
Kinderlos begraben.
Wer in Amors süßen Bann
Nie sich hingegeben,
Was verspricht der arme Mann
Sich vom andern Leben?
    Seis ein Weiser, seis ein Held,
Still und schnell vergessen,
Schleicht er zu der Unterwelt
Und ist nie gewesen.-
An Körner, Zu dessen Hochzeit, 7. August 1785

Allein der sittliche Mensch ist frei

Der Mensch soll sich an den Menschen reihn

Freiheit liebt das Tier der Wüste,
Frei im Äther herrscht der Gott,
Ihrer Brust gewalt'ge Lüfte
Zähmet das Naturgebot;
Doch der Mensch in ihrer Mitte
Soll sich an den Menschen reihn,
Und allein durch seine Sitte
Kann er frei und mächtig sein.

Aus: „Das Eleusische Fest"

Freiheit durch Moral

Ich trage also keine Bedenken, den Satz aufzustellen, daß dasjenige die Moralität wahrhaft befördert, was den Widerstand der Neigung gegen das Gute vernichtet.

Über den moralischen Nutzen ästhetischer Sitten

Ich habe nur einen Maßstab für Moralität und ich glaube, den strengsten: Ist die Tat, die ich begehe, von guten oder schlimmen Folgen für die Welt – wenn sie allgemein ist?

An Körner, Weimar, 10. Dezember 1787

Moralische Widersprüche interessieren notwendig unser Herz und rauben also dem Gemüt seine Freiheit.

Über naive und sentimentalische Dichtung

Gütig und menschlich gegen den einzelnen

Glühend für die Idee der Menschheit,
gütig und menschlich gegen den einzelnen
Menschen, und gleichgültig gegen das
ganze Geschlecht, wie es wirklich
vorhanden ist – das ist mein Wahlspruch.

An Benjamin von Erhard, 5. Mai 1795

Nicht zu viel Herzliches erwarten
Aber dieses lassen Sie mich Ihnen einmal für allemal sagen. Erwarten Sie nicht zuviel Herzliches und Ergiessendes von Menschen, die von allem, was sich ihnen nähert, in Bewunderung und Anbetung gewiegt werden. Es ist nichts zerbrechlicher im Menschen als seine Bescheidenheit und sein Wohlwollen.
An Caroline von Beulwitz, Weimar, 25. Februar 1789

Lieber Freund, trauen Sie niemand mehr. Die Freundschaft der Menschen ist das Ding, das sich des Suchens nicht verlohnt. Wehe dem, den seine Umstände nötigen, auf fremde Hilfe zu bauen.
An Andreas Streicher, 14. Januar 1783

Der Freundschaft stolzes Siegel tragen viele, die in der Prüfungsstunde treulos fliehn.
An Bettina von Arnim

Charakter, Freiheit und Grösse

Persönlichkeit – was man ist
Das Selbstbewusstsein kann von dem Willen, der es voraussetzt, nicht abhängen. Diese ursprüngliche Verkündigung der Persönlichkeit ist nicht unser Verdienst, und der Mangel derselben nicht unser Fehler.
Über die ästhetische Erziehung des Menschen, Brief 19

Was man scheint, hat jedermann zum Richter,
was man ist, hat keinen.
Maria Stuart, II, 5, Elisabeth

Hast du etwas, so teile mir's mit, und ich zahle, was recht ist;
Bist du etwas, o dann tauschen die Seelen wir aus.
Das Werte und das Würdige

Sünden und böse Geister scheuen das Licht.
Kabale und Liebe, V, 1, Miller

Hab mich nie mit Kleinigkeiten abgegeben.
Die Räuber, V, 1, Franz Moor

Und Hochmut ists, wodurch die Engel fielen,
Woran der Höllengeist die Menschen fasst.
Die Jungfrau von Orleans, Prolog, 1802

Verstellung ist der offnen Seele fremd.
Die Piccolomini, I, 3, Oktavio

Was man nicht aufgibt, hat man nie verloren.
Maria Stuart, II, 5, Maria

Charakter als Selbstvollendung in Freiheit
Nicht genug also, daß alle Aufklärung des Verstandes nur insofern Achtung verdient, als sie auf den Charakter zurückfliesst; sie geht auch gewissermaßen von dem Charakter aus, weil der Weg zu dem Kopf durch das Herz muss geöffnet werden. Ausbildung des Empfindungsvermögens ist also das dringendere Bedürfnis der Zeit ...
Über die ästhetische Erziehung des Menschen, Brief 8

Keiner sei gleich dem andern, doch gleich sei jeder dem Höchsten,
Wie das zu machen? Es sei jeder vollendet in sich.
„Aufgabe", Zahme Xenien

Der brave Mann denkt an sich selbst zuletzt,
Vertrau auf Gott und rette den Bedrängten.
Wilhelm Tell, I, 1, Tell

Charakter als Übereinstimmung mit sich selbst
Ein reger Geist verschafft sich auf alle körperlichen Bewegungen Einfluß und kommt zuletzt mittelbar dahin, auch selbst die festen Formen

der Natur, die dem Willen unerreichbar sind, durch die Macht des sympathetischen Spiels zu verändern. An einem solchen Menschen wird endlich alles Charakterzug, wie wir an manchen Köpfen finden, die ein langes Leben, außerordentliche Schicksale und ein tätiger Geist völlig durchgearbeitet haben. Der plastischen Natur gehört an solchen Formen nur das Generische, die ganze Individualität der Ausführung aber der Person an; daher sagt man sehr richtig, daß an einer solchen Gestalt alles Seele sei.
Über Anmut und Würde

... wo Aufrichtigkeit ist, ist auch Mitleid und Hilfe.
Die Räuber, 1, 2, Karl Moor zu Spiegelberg

Denn recht hat jeder eigene Charakter,
Der übereinstimmt mit sich selbst ...
Wallensteins Tod, I, 7, Gräfin Terzky zu Wallenstein

Gesundheit des Kopfes wird also mit der Reinheit des Willens zusammentreffen müssen, wenn der Charakter vollendet heißen soll.
An Prinz F.C. von Augustenburg, Jena, 13. Juli 1793

Ein Mensch, will ich annehmen, soll alle die Tugenden besitzen, deren Vereinigung den schönen Charakter ausmacht. Er soll in der Ausübung der Gerechtigkeit, Wohltätigkeit, Mäßigkeit, Standhaftigkeit und Treue seine Wollust finden; alle Pflichten, deren Befolgung ihm die Umstände nahe legen, sollen ihm zum leichten Spiele werden, und das Glück soll ihre keine Handlung schwer machen, wozu nur immer sein menschenfreundliches Herz ihn auffordern mag.
Über das Erhabene

Charakter als Strenge gegen sich selbst
Strenge gegen sich selbst, mit Weichheit gegen andre verbunden, macht den wahrhaft vortrefflichen Charakter aus. Aber meistens wird der gegen andere weiche Mensch es auch gegen sich selbst, und der gegen

sich selbst strenge es auch gegen andre sein; weich gegen sich und streng gegen andre ist der verächtlichste Charakter.
Über die ästhetische Erziehung des Menschen, Brief 13

Tugend als Neigung zur Pflicht

Bös oder gut?
Der Mensch nämlich ist nicht dazu bestimmt, einzelne sittliche Handlungen zu verrichten, sondern ein sittliches Wesen zu sein. Nicht Tugenden, sondern die Tugend ist seine Vorschrift, und Tugend ist nichts anders „als eine Neigung zu der Pflicht".
Über Anmut und Würde

Schnell fertig ist die Jugend mit dem Wort,
Das schwer sich handhabt, wie des Messers Schneide,
Aus ihrem heissen Kopfe nimmt sie keck
Der Dinge Mass, die nur sich selber richten.
Gleich heißt ihr alles schändlich oder würdig,
Bös oder gut – und was die Einbildung
Phantastisch schleppt in diesen dunkeln Namen
Das bürdet sie den Sachen auf und Wesen.
Wallensteins Tod, II, 2, Wallenstein

Das edelste Vorrecht der menschlichen Natur ist, sich selbst zu bestimmen und das Gute um des Guten willen tun.
Die Gesetzgebung des Lykurgus und Solon

Das Gute besteht für sich selbst
Das Angenehme vergnügt bloß die Sinne und unterscheidet sich darin von dem Guten, welches der bloßen Vernunft gefällt. Es gefällt durch seine Materie, denn nur der Stoff kann den Sinn affizieren und alles, was Form ist, nur der Vernunft gefallen.
Zerstreute Betrachtungen über verschiedene ästhetische Gegenstände

Das Gute hingegen ist schon gut, ehe es vorgestellt und empfunden wird. Die Eigenschaft, durch die es gefällt, besteht vollkommen für sich selbst, ohne unser Subjekt nötig zu haben, wenn gleich unser Wohlgefallen an demselben auf einer Empfänglichkeit unsers Wesens ruht. Das Angenehme, kann man daher sagen, ist nur, weil es empfunden wird; das Gute hingegen wird empfunden, weil es ist.
Zerstreute Betrachtungen über verschiedene ästhetische Gegenstände

Zur Ehre der menschlichen Natur läßt sich annehmen, daß kein Mensch so tief sinken kann, um das Böse bloß deswegen, weil es böse ist, vorzuziehen; sondern daß jeder ohne Unterschied das Gute vorziehen würde, weil es das Gute ist, wenn es nicht zufälligerweise das Angenehme ausschlösse oder das Unangenehme nach sich zöge. Alle Unmoralität in der Wirklichkeit scheint also aus der Kollision des Guten mit dem Angenehmen oder, was auf eins hinausläuft, der Begierde mit der Vernunft zu entspringen und einerseits die Stärke der sinnlichen Antriebe, ardererseits die Schwäche der moralischen Willenskraft zur Quelle zu haben.
Über den moralischen Nutzen ästhetischer Sitten

Die Natur zeichnet den moralischen Weg vor
Die Natur zeichnet uns in ihrer physischen Schöpfung den Weg vor, den man in der moralischen zu wandeln hat.
Briefe über die ästhetische Erziehung des Menschen, Brief 7

Die Treue ist kein leerer Wahn
Und ist es zu spät, und kann ich ihm nicht,
Ein Retter, willkommen erscheinen,
So soll mich der Tod ihm vereinen.
Des rühme der blut'ge Tyrann sich nicht,
Daß der Freund dem Freunde gebrochen die Pflicht,
Er schlachte der Opfer zweie
Und glaube an Liebe und Treue!
(...)

Drauf spricht er: „Es ist euch gelungen,
Ihr habt das Herz mir bezwungen,
Und die Treue, sie ist doch kein leerer Wahn,
So nehmet auch mich zum Genossen an,
Ich sei, gewährt mir die Bitte,
In eurem Bunde der Dritte."
Aus: „Die Bürgschaft"

Geistesfreiheit durch Beherrschung der Triebe
Beherrschung der Triebe durch die moralische Kraft ist Geistesfreiheit, und Würde heißt ihr Ausdruck in der Erscheinung.
Über Anmut und Würde

Es ist dem Menschen einmal eigen, das Höchste und das Niedrigste in seiner Natur zu vereinigen, und wenn seine Würde auf einer strengen Unterscheidung des einen von dem andern beruht auf einer geschickten Aufhebung dieses Unterschieds seine Glückseligkeit.
Briefe über die ästhetische Erziehung des Menschen, Brief 24

Gemein ist alles, was nicht zu dem Geiste spricht und kein anderes als ein sinnliches Interesse erregt.
Gedanken über den Gebrauch des gemeinen und niedrigen in der Kunst

Alles, was die blinde Gewalt der Affekte bricht, bringt zwar noch keine Tugend hervor, aber es macht dem Willen Raum, sich zur Tugend zu wenden.
An Prinz F.C. von Augustenburg, Ludwigsburg, 3. Dezember 1793

Selbsturheberschaft – Basis der Menschenwürde

Freies Bekenntnis
Welcher Religion ich bekenne? –
Keine von allen, die du mir nennst. –
Und warum keine? Aus Religion.
Aus: „Mein Glaube"

Der Geist soll moralisch empfinden
Der Geist nämlich soll tätig sein und soll moralisch empfinden; und also zeugt es von seiner Schuld, wenn seine Bildung davon keine Spuren aufweist.
Über Anmut und Würde

Bloß organische Wesen sind uns ehrwürdig als Geschöpfe, der Mensch aber kann es uns nur als Schöpfer (d. i. als Selbsturheber seines Zustandes) sein.
Über Anmut und Würde

Freiwillige Pflichterfüllung als Quelle der Glückseligkeit
Der Mensch ist aber als Erscheinung zugleich Gegenstand des Sinnes. Wo das moralische Gefühl Befriedigung findet, da will das ästhetische nicht verkürzt sein, und die Übereinstimmung mit einer Idee darf in der Erscheinung kein Opfer kosten. So streng also auch immer die Vernunft einen Ausdruck der Sittlichkeit fordert, so unnachlaßlich fordert das Auge Schönheit. Da diese beiden Forderungen an dasselbe Objekt, obgleich von verschiedenen Instanzen der Beurteilung, ergehen, so muß auch durch eine und dieselbe Ursache für beider Befriedigung gesorgt sein. Diejenige Gemütsverfassung des Menschen, wodurch er am fähigsten wird, seine Bestimmung als moralische Person zu erfüllen, muß einen solchen Ausdruck gestatten, der ihm auch, als bloßer Erscheinung, am vorteilhaftesten ist. Mit andern Worten: seine sittliche Fertigkeit muß sich durch Grazie offenbaren.
Über Anmut und Würde

Man sagt daher ganz richtig, daß die echte Moralität sich nur in der Schule der Widerwärtigkeit bewähre und eine anhaltende Glückseligkeit leicht eine Klippe der Tugend werde. Glückselig nenne ich den, der, um zu genießen, nicht nötig hat, Unrecht zu tun, und, um recht zu handeln, nicht nötig hat, zu entbehren. Der ununterbrochen glückliche Mensch sieht also die Pflicht nie von Angesicht, weil keine gesetzmäßigen und geordneten Neigungen das Gebot der Vernunft immer antizipieren und keine Versuchung zum Bruch des Gesetzes das Gesetz bei ihm in Erinnerung bringt. Einzig durch den Schönheitssinn, den Statthalter der Vernunft in der Sinnenwelt, regiert, wird er zu Grabe gehen, ohne die Würde seiner Bestimmung zu erfahren. Der Unglückliche hingegen, wenn er zugleich ein Tugendhafter ist, genießt den erhabenen Vorzug, mit der göttlichen Majestät des Gesetzes unmittelbar zu verkehren und, da seiner Tugend keine Neigung hilft, die Freiheit des Dämons noch als Mensch zu beweisen.
Über die notwendigen Grenzen beim Gebrauch der schönen Formen

Der Mensch bedarf des Menschen sehr

Die Weltweisen

(...)
Im Leben gilt der Stärke Recht,
Dem Schwachen trotzt der Kühne,
Wer nicht gebieten kann, ist Knecht;
Sonst geht es ganz erträglich schlecht
Auf dieser Erdenbühne.
Doch wie es wäre, fing der Plan
Der Welt nur erst von vorne an,
Ist in Moralsystemen
Ausführlich zu vernehmen.

„Der Mensch bedarf des Menschen sehr
Zu seinem großen Ziele,
Nur in dem Ganzen wirket er,
Viel Tropfen geben erst das Meer,
Viel Wasser treibt die Mühle.
Drum flieht der wilden Wölfe Stand
Und knüpft des Staates daurend Band."
So lehren vom Katheder
Herr Puffendorf und Feder.

Doch weil, was ein Professor spricht,
Nicht gleich zu allen dringet,
So übt N a t u r die Mutterpflicht
Und sorgt, daß nie die Kette bricht
Und daß der Reif nie springet.
Einstweilen, bis den Bau der Welt
Philosophie zusammenhält,
Erhält s i e das Getriebe
Durch Hunger und durch Liebe.

2. Liebe und Pflicht

Freiheit als Entscheidung

Der Wille des Menschen steht aber vollkommen frei zwischen Pflicht und Neigung, und in dieses Majestätsrecht seiner Person kann und darf keine physische Nötigung eingreifen.
Über die ästhetische Erziehung des Menschen, Brief 4

In einer schönen Seele ist es also, wo Sinnlichkeit und Vernunft, Pflicht und Neigung harmonieren, und Grazie ist ihr Ausdruck in der Erscheinung.
Über Anmut und Würde

Zwischen Pflicht und Neigung

Gerne dien ich den Freunden
Gerne dien ich den Freunden, doch tu ich es leider mit Neigung,
Und so wurmt es mir oft, daß ich nicht tugendhaft bin.
„Gewissensskrupel"; (zu Kants Ethik), Xenien

Das Ideal der schönen Seele
Die schöne Seele muß sich also im Affekt in eine erhabene verwandeln, und das ist der untrügliche Probierstein, wodurch man sie von dem guten Herzen oder der Temperamentstugend unterscheiden kann.
Über Anmut und Würde

Der schmale Weg der Pflicht
Wo viel Freiheit, ist viel Irrtum,
Doch sicher ist der schmale Weg der Pflicht.
Wallensteins Tod, IV, 2, Buttler

Die Liebe ist der Liebe Preis
Liebe ist zugleich das Großmütigste und das Selbstsüchtigste in der Natur.
Über Anmut und Würde

Weibergunst, [...]
Das einzige auf diesem Rund der Erde,
Was keinen Käufer leidet als sich selbst.
Die Liebe ist der Liebe Preis.
Don Karlos, II, 8, Eboli

Frei wie ein Fisch im Wasser
Mir ist sehr wohl, bis auf die Ungeduld, mich ganz meiner Larve und meiner Komödienrolle entledigt zu sehen. Ich habe schon einen artigen Strich durch die Welt gemacht, Du sollst mich kaum noch kennen, Schwesterchen. ... Frei bin ich und gesund wie ein Fisch im Wasser, und welchem freien Menschen ist nicht wohl.
An Christophine Schiller, 18. Oktober 1782

Arbeit nur aus Liebhaberei und Neigung
Eben schicke ich den letzten Bogen Manuskript fort. Jetzt bin ich frei, und ich will es für immer bleiben. Keine Arbeit mehr, die mir ein anderer auflegt oder die einen anderen Ursprung hat als Liebhaberei und Neigung. Ich werde acht oder zehn Tage schlechterdings nichts tun und sehen, ob die völlige Ruhe des Kopfes, freie Luft, Bewegung und Gesellschaftsgewäsche an meiner Gesundheit nichts verbessern.
An Körner, Jena, 21. September 1792

Zug des Herzens und Schicksal

Wider die finstre Asketik
In der Kantischen Moralphilosophie ist die Idee der Pflicht mit einer Härte vorgetragen, die alle Grazien davon zurückschreckt und einen schwachen Verstand leicht versuchen könnte, auf dem Wege einer finstern und mönchischen Asketik die moralische Vollkommenheit zu suchen.
Über Anmut und Würde

Das Mädel ist schön, schlank, führt einen netten Fuß.
Unterm Dach mag's aussehen, wie's will.
Darüber guckt man bei euch Weibsleuten weg,
wenn's der liebe Gott Parterre nicht hat fehlen lassen.
Kabale und Liebe, I, 1, Miller

Trink ihn aus, den Trank der Labe,
Und vergiß den großen Schmerz,
Balsam fürs zerrißne Herz,
Wundervoll ist Bacchus' Gabe.
Aus: „Das Siegesfest"

Ich fürchte nichts – nichts – als die Grenzen deiner Liebe.
Kabale und Liebe, I, 4 , Ferdinand

O, sie sind pfiffig, so lang sie es nur mit dem Kopf zu tun haben; aber sobald sie mit dem Herzen anbinden, werden die Böswichter dumm.
Kabale und Liebe, V, 1, Luise

Liebe kennt der allein, der ohne Hoffnung liebt.
Don Karlos, II, 8, Karlos

Kopf und Herz im Widerstreit
Der Zug des Herzens ist des Schicksals Stimme.
Die Piccolomini, III, 8, 82, Thekla

Kein Kaiser hat dem Herzen vorzuschreiben.
Wallensteins Tod, II, Max zu Oktavio Piccolomini

Ein erleuchteter Verstand hingegen veredelt auch die Gesinnungen – der Kopf muß das Herz bilden.
Philosophische Briefe

Wehe, wenn sie losgelassen.
Aus: „Das Lied von der Glocke"

Wir Subalternen haben keinen Willen,
Der freie Mann, der mächtige allein
Gehorcht dem schönen menschlichen Gefühl.
Walleinsteins Tod, IV, 2, Gordon

Liebe – das Gegenprinzip zum Zwang

Ehret die Frauen
Nicht Strenge legte Gott ins weiche Herz des Weibes.
Maria Stuart, III, 2, Talbot

Ehret die Frauen! sie flechten und weben
Himmlische Rosen ins irdische Leben.
Aus: „Würde der Frauen"

Liebe, die Tochter der Freiheit
Wenn jeder Mensch alle Menschen liebte,
so besäße jeder einzelne die Welt.
Philosophische Briefe. Theosophie des Julius

Die Würde hindert, daß die Liebe nicht zur Begierde wird. Die Anmut verhütet, daß die Achtung nicht Furcht wird.
Über Anmut und Würde

Liebe, die große Kette der empfindenden Natur
Liebe also, der schönste, edelste Trieb in der menschlichen Seele, die große Kette der empfindenden Natur, ist nichts anders, als die Verwechslung meiner Selbst mit dem Wesen des Nebenmenschen. Und diese Verwechslung ist Wollust. Liebe also macht seine Lust zu meiner Lust, seinen Schmerz zu meinem Schmerz. Aber auch dieser Schmerz ist Vollkommenheit, und muß also nicht ohne Vergnügen sein.
Philosophie der Physiologie, § 1 Bestimmung des Menschen

Ich habe genossen das irdische Glück,
Ich habe gelebt und geliebt.
Die Piccolomini, III, 7, 9, Thekla

Zwischen Sinnenglück und Seelenfrieden
Nur zwischen Glaube und Vertraun ist Friede.
Wallensteins Tod, III, 18, Wallenstein

Zwischen Sinnenglück und Seelenfrieden
Bleibt dem Menschen nur die bange Wahl.
Aber flüchtet aus der Sinne Schranken
In die Freiheit der Gedanken,
Und die Furchterscheinung ist entflohn,
Und der ew'ge Abgrund wird sich füllen;
Nehmt die Gottheit auf in euren Willen,
Und sie steigt von ihrem Weltenthron.
Des Gesetzes strenge Fessel bindet
Nur den Sklavensinn, des es verschmäht;
Mit des Menschen Widerstand verschwindet
Auch des Gottes Majestät. (...)
Aus: „Das Ideal und das Leben“

Das schöne große Ganze suchen
Wer Sinn und Lust für die große Menschenwelt hat, muß sich in diesem weiten, großen Element gefallen; wie klein und armselig sind unsre bürgerliche und politische Verhältnisse dagegen! Aber freilich

muß man Augen haben, die an große Übeln, die unvermeidlich mit einfließen, nicht geärgert werden. Der Mensch, wenn er vereinigt wirkt, ist immer ein großes Wesen, so klein auch die Individuen und Detaile ins Auge fallen. Aber eben darauf, dünkt mir, kömmt es an, jedes Detail und jedes einzelne Phänomen mit diesem Rückblick auf das große Ganze, dessen Teil es ist, zu denken oder, was ebensoviel ist, mit philosophischem Geiste zu sehen. Wie holperigt und höckerigt mag unsre Erde von dem Gipfel des Gotthards aussehen, aber die Einwohner des Mondes sehen Sie gewiss als eine glatte und schöne Kugel. Wer dieses Auge nun entweder nicht hat oder es nicht geübt hat, wird sich an kleinen Gebrechen stoßen, und das schöne große Ganze wird für ihn verloren sein.
An Caroline von Beulwitz, Weimar, 27. November 1788

Der Ring macht Ehen – und Ringe sind's die eine Ketten machen.
Maria Stuart, I, 2, Elisabeth

Aber ich habe noch guten Mut und glaube an eine glückliche Revolution für die Zukunft. Könntest Du mir innerhalb eines Jahrs eine Frau von zwölftausend Talern verschaffen, mit der ich leben, an die ich mich attachieren könnte, so wollte ich Dir in fünf Jahren – eine Fridericiade, eine klassische Tragödie und, weil Du doch so darauf versessen bist, ein halb Dutzend schöner Oden liefern – und die Akademie in Jena möchte mich dann im Asch lecken.
An Körner, Weimar, 9. März 1789

Selbst die Venus Urania ist ja ein Weib, und ihre irdischen Töchter sind da, uns bei ihr einzuführen. Hier haben mich alle Götter und Göttinnen der Schönheit verlassen, denn die grimmige Gesichter der Gelehrten verscheuchen alles, was Freiheit und Freude atmet. Kommen Sie ja bald zurück, kommen Sie, mich wieder zum Menschen zu machen; zum Dichter – das ist vorbei. Übrigens tröstet mich das, daß Sie doch etwas von mir haben und lesen können, was aus einer glücklichern Epoche meines Geistes sich herschreibt.

An Charlotte von Lengefeld und Caroline von Beulwitz, Jena, 24. Juli 1789

Befreiung von allem, was Gewalt ist

Ebendeswegen ist des Menschen nichts so unwürdig, als Gewalt zu erleiden, – denn Gewalt hebt ihn auf. Wer sie uns antut, macht uns nichts Geringeres als die Menschheit streitig; wer sie feiger Weise erleidet, wirft seine Menschheit hinweg. Aber dieser Anspruch auf absolute Befreiung von allem, was Gewalt ist, scheint ein Wesen vorauszusetzen, welches Macht genug besitzt, jede andere Macht von sich abzutreiben. Findet er sich in einem Wesen, welches im Reich der Kräfte nicht den obersten Rang behauptet, so entsteht daraus ein unglücklicher Widerspruch zwischen dem Trieb und dem Vermögen.

Über das Erhabene

Die Kultur soll den Menschen in Freiheit setzen

Physisch über das Physische Herr werden

In diesem Falle befindet sich der Mensch. Umgeben von zahllosen Kräften, die alle ihm überlegen sind, und den Meister über ihn spielen, macht er durch seine Natur Anspruch, von keiner Gewalt zu erleiden. Durch seinen Verstand zwar steigert er künstlicher Weise seine natürlichen Kräfte, und bis auf einen gewissen Punkt gelingt es ihm wirklich, physisch über alles Physische Herr zu werden. Gegen alles, sagt das Sprichwort, gibt es Mittel, nur nicht gegen den Tod. Aber diese einzige Ausnahme, wenn sie das wirklich im strengsten Sinne ist, würde den ganzen Begriff des Menschen aufheben.

Über das Erhabene

Der Mensch ist das Wesen, welches will

Nimmermehr kann er das Wesen sein, welches will, wenn es auch nur einen Fall gibt, wo er schlechterdings muss, was er nicht will. Dieses einzige Schreckliche, was er nur muß und nicht will, wird wie ein Gespenst ihn begleiten, und ihn, wie auch wirklich bei den mehresten Menschen der Fall ist, den blinden Schrecknissen der Phantasie zur Beute überliefern; seine gerühmte Freiheit ist absolut nichts, wenn er auch nur in einem einzigen Punkte gebunden ist. Die Kultur soll den Menschen in Freiheit setzen und ihm dazu behilflich sein, seinen ganzen Begriff zu erfüllen. Sie soll ihn also fähig machen, seinen Willen zu behaupten, denn der Mensch ist das Wesen, welches will.

Dies ist auf zweierlei Weise möglich. Entweder realistisch, wenn der Mensch der Gewalt Gewalt entgegensetzt, wenn er als Natur die Natur beherrscht: oder idealistisch, wenn er aus der Natur heraustritt und so, in Rücksicht auf sich, den Begriff der Gewalt vernichtet. Was ihm zu dem ersten verhilft, heißt physische Kultur. Der Mensch bildet seinen Verstand und seine sinnlichen Kräfte aus, um die Naturkräfte nach ihren eigenen Gesetzen, entweder zu Werkzeugen seines Willens zu machen, oder sich vor ihren Wirkungen, die er nicht lenken kann, in Sicherheit zu setzen. Aber die Kräfte der Natur lassen sich nur bis auf einen gewissen Punkt beherrschen oder abwehren; über diesen Punkt hinaus entziehen sie sich der Macht des Menschen und unterwerfen ihn der ihrigen.

Über das Erhabene

Gewalt vernichten heißt sich freiwillig unterwerfen

Jetzt also wäre es um seine Freiheit getan, wenn er keiner andern als physischen Kultur fähig wäre. Er soll aber ohne Ausnahme Mensch sein, also in keinem Fall etwas gegen seinen Willen erleiden. Kann er also den physischen Kräften keine verhältnismäßige physische Kraft mehr entgegensetzen, so bleibt ihm, um keine Gewalt zu erleiden, nichts anders übrig, als: ein Verhältnis, welches ihm so nachteilig ist, ganz und gar aufzuheben, und eine Gewalt, die er der Tat nach erleiden muss, dem Begriff nach zu vernichten. Eine Gewalt dem Begriffe nach vernichten, heißt aber nichts anders, als sich derselben freiwillig unterwerfen. Die Kultur, die ihn dazu geschickt macht, heißt die moralische.

Über das Erhabene

Keine Empfindung ohne vorhergehende Idee
Der moralisch gebildete Mensch, und nur dieser, ist ganz frei. (...) Entweder er ist der Natur als Macht überlegen, oder er ist einstimmig mit derselben.

Wir können keinen Begriff setzen ohne einen vorhergehenden Willen, ihn zu machen; keinen Willen ohne die Erfahrung unseres durch diese Handlung verbesserten Zustands, ohne Empfindung. Keine Empfindung ohne vorhergehende Idee (denn wir schlossen ja zugleich mit dem Körper die körperliche Empfindungen aus), also keine Idee ohne Idee.
Über den Zusammenhang der tierischen Natur des Menschen mit seiner geistigen Widmung

Sinnlichkeit als Leiter zur Vollkommenheit
Der Übergang von Schmerz zu Abscheu ist Grundgesetz der Seele.
Über den Zusammenhang der tierischen Natur des Menschen mit seiner geistigen Widmung

Noch einmal also: der Mensch mußte Tier sein, eh er wußte, daß er ein Geist war; er mußte am Staube kriechen, eh er den Newtonischen Flug durchs Universum wagte. Der Körper also der erste Sporn zur Tätigkeit; Sinnlichkeit die erste Leiter zur Vollkommenheit
Über den Zusammenhang der tierischen Natur des Menschen mit seiner geistigen Widmung

Vollkommenheit ist jederzeit mit Lust verbunden
Daraus erwächst nun ein Fundamentalgesetz der gemischten Naturen, das, in seine letzte Grundteile aufgelöst, ungefähr also lautet: Die Tätigkeiten des Körpers entsprechen den Tätigkeiten des Geistes; d. h. jede Überspannung von Geistestätigkeit hat jederzeit eine Überspannung gewisser körperlicher Aktionen zur Folge, so wie das Gleichgewicht der erstern oder die harmonische Tätigkeit der Geisteskräfte mit der vollkommensten Übereinstimmung der letztern vergesellschaftet ist. Ferner: Trägheit der Seele macht die körperlichen Bewegungen träg. Nichttätigkeit der Seele hebt sie gar auf. Da nun Vollkommenheit

jederzeit mit Lust, Unvollkommenheit mit Unlust verbunden ist, so kann man dieses Gesetz auch also ausdrücken: Geistige Lust hat jederzeit eine tierische Lust, geistige Unlust jederzeit eine tierische Unlust zur Begleiterin.
Über den Zusammenhang der tierischen Natur des Menschen mit seiner geistigen Widmung

Die lebhafte Wirksamkeit der Freude
Der Anblick einer geliebten Person, nach der er Lange geschmachtet hat, hält die fliehende Seele des Agonizanten noch auf, er wird kräftiger und augenblicklich besser. Wahr ist es, daß die Freude das Nervensystem in lebhaftere Wirksamkeit setzen kann als alle Herzstärkungen, die man aus Apotheken holen muß, und selbst inveterierte Stockungen in den labyrinthischen Gängen der Eingeweide, die weder die Rubia durchdringt, noch selbst der Merkur durchreißt, durch sie zerteilt worden sind.
Über den Zusammenhang der tierischen Natur des Menschen mit seiner geistigen Widmung

So ist es also ein zweites Gesetz der gemischten Naturen, daß mit der freien Tätigkeit der Organe auch ein freier Fluß der Empfindungen und Ideen, daß mit der Zerrüttung desselbigen auch eine Zerrüttung des Denkens und Empfindens sollte verbunden sein. Also kürzer: daß die allgemeine Empfindung tierischer Harmonie die Quelle geistiger Lust und die tierische Unlust die Quelle geistiger Unlust sein sollte.
Über den Zusammenhang der tierischen Natur des Menschen mit seiner geistigen Widmung

Der Tod entwickelt sich aus dem Leben
Alle Anordnungen zur Aufrechthaltung des körperlichen Flors scheinen nur bis auf diese Epoche zu reichen; die Weisheit, kommt es mir vor, hat bei Gründung unserer physischen Natur eine solche Sparsamkeit beobachtet, daß, ungeachtet der steten Kompensationen, doch die Konsumtion immer das Übergewicht behalte, daß die Freiheit den

Mechanismus mißbrauche und der Tod aus dem Leben, wie aus seinem Keime, sich entwickle.
Über den Zusammenhang der tierischen Natur des Menschen mit seiner geistigen Widmung

Ist Leben doch des Lebens höchstes Gut!
Ein Rasender, der es umsonst verschleudert!
Maria Stuart, III, 6, Mortimer zu Maria Stuart

Das Leben ist der Güter höchstes nicht,
Der Übel größtes aber ist die Schuld.
Die Braut von Messina, IV, Letzter Auftr., Chor (Cajetan) (Schlussvers)

Die Kraft des guten Willens stärken

Der moralische Nutzen ästhetischer Sitten
Moralität kann also auf zweierlei Weise befördert werden, wie sie auf zweierlei Weise gehindert wird. Entweder man muß die Partei der Vernunft und die Kraft des guten Willens verstärken, daß keine Versuchung ihn überwältigen könne, oder man muß die Macht der Versuchung brechen, damit auch die schwächere Vernunft und der schwächere gute Wille ihnen noch überlegen seien.
Über den moralischen Nutzen ästhetischer Sitten

Der natürliche innere Feind der Moralität ist der sinnliche Trieb, der, sobald ihm ein Gegenstand vorgehalten wird, nach Befriedigung strebt und, sobald die Vernunft etwas ihm Anstößiges gebietet, ihren Vorschriften sich entgegensetzt.
Über den moralischen Nutzen ästhetischer Sitten

Der Geschmack fordert Mäßigung und Anstand
Dieser sinnliche Trieb ist ohne Aufhören geschäftig, den Willen in sein Interesse zu ziehen, der doch unter sittlichen Gesetzen steht and die Verbindlichkeit auf sich hat, sich mit den Ansprüchen der Vernunft

nie im Widerspruch zu befinden. In ästhetisch verfeinerten Seelen ist noch eine Instanz mehr, welche nicht selten die Tugend ersetzt, wo sie mangelt, und da erleichtert, wo sie ist. Diese Instanz ist der Geschmack. Der Geschmack fordert Mäßigung und Anstand, er verabscheut alles, was eckigt, was hart, was gewaltsam ist, und neigt sich zu allem, was sich leicht und harmonisch zusammenfügt.
Über den moralischen Nutzen ästhetischer Sitten

Der Liebende fordert Würde
Der Liebende fordert Würde von dem Gegenstand seiner Leidenschaft. Würde allein ist ihm Bürge, daß nicht Bedürfnis zu ihm nötige, sondern daß die Freiheit ihn wählte – daß man ihn nicht als Sache begehrt, sondern als Person hochschätzt.
Über Anmut und Würde

Der Mensch in seinem physischen Zustand erleidet die Macht der Natur; er entledigt sich dieser Macht in dem ästhetischen Zustand, und er beherrscht sie in dem moralischen.
Über die ästhetische Erziehung des Menschen, Brief 24

Nur im Dienst einer schönen Seele kann die Natur zugleich Freiheit besitzen und ihre Form bewahren, da sie erstere unter der Herrschaft eines strengen Gemüts, letztere unter der Anarchie der Sinnlichkeit einbüßt.
Über Anmut und Würde

Würde des Menschen
Nichts mehr davon, ich bitt euch. Zu essen gebt ihm, zu wohnen,
Habt ihr die Blöße bedeckt, gibt sich die Würde von selbst.
Epigramme

Die Natur teilt das Regiment mit der Freiheit
Die Sinne müssen immer nur blinde Briefträger sein und nicht wissen, was Phantasie und Natur miteinander abzukarten haben.
Der Verschwörung des Fiesko, III, 10, Fiesko zu Julia, Gianettino

Wäre der Mensch bloß ein Sinnenwesen, so würde die Natur zugleich die Gesetze geben und die Fälle der Anwendung bestimmen; jetzt teilt sie das Regiment mit der Freiheit, und obgleich ihre Gesetze Bestand haben, so ist es nunmehr doch der Geist, der über die Fälle entscheidet.
Über Anmut und Würde

Zwei Blumen blühen, Hoffnung und Genuß

Resignation
Auch ich war in Arkadien geboren,
Auch mir hat die Natur
An meiner Wiege Freude zugeschworen;
Auch ich war in Arkadien geboren,
Doch Tränen gab der kurze Lenz mir nur.

Des Lebens Mai blüht einmal und nicht wieder;
Mir hat er abgeblüht.
Der stille Gott – o weinet, meine Brüder –
Der stille Gott taucht meine Fackel nieder,
Und die Erscheinung flieht.

Da steh ich schon auf deiner finstern Brücke,
Furchtbare Ewigkeit.
Empfange meinen Vollmachtbrief zum Glücke!
Ich bring ihn unerbrochen dir zurücke,
Ich weiß nichts von Glückseligkeit.

Vor deinem Thron erheb ich meine Klage,
Verhüllte Richterin.
Auf jenem Stern ging eine frohe Sage,
Du thronest hier mit des Gerichtes Wage
Und nennest dich Vergelterin.

Hier, spricht man, warten Schrecken auf den Bösen
Und Freuden auf den Redlichen.
Des Herzens Krümmen werdest du entblößen,
Der Vorsicht Rätsel werdest du mir lösen
Und Rechnung halten mit dem Leidenden.

Hier öffne sich die Heimat dem Verbannten,
Hier endige des Dulders Dornenbahn.
Ein Götterkind, das sie mir Wahrheit nannten,
Die Meisten flohen, Wenige nur kannten,
Hielt meines Lebens raschen Zügel an.

„Ich zahle dir in einem andern Leben,
Gib deine Jugend mir!
Nichts kann ich dir als diese Weisung geben." –
Ich nahm die Weisung auf das andre Leben,
Und meiner Jugend Freuden gab ich ihr.

„Gib mir das Weib, so teuer deinem Herzen,
Gib deine Laura mir!
Jenseits der Gräber wuchern deine Schmerzen." –
Ich riß sie blutend aus dem wunden Herzen
Und weinte laut und gab sie ihr.

„Die Schuldverschreibung lautet an die Toten,"
Hohnlächelte die Welt;
„Die Lügnerin, gedungen von Despoten,
Hat für die Wahrheit Schatten dir geboten,
Du bist nicht mehr, wenn dieser Schein verfällt."

Frech witzelte das Schlangenheer der Spötter:
„Vor einem Wahn, den nur Verjährung weiht,
Erzitterst du? Was sollen deine Götter,
Des kranken Weltplans schlau erdachte Retter,
Die Menschenwitz des Menschen Notdurft leiht?

Was heißt die Zukunft, die uns Gräber decken,
Die Ewigkeit, mit der du eitel prangst?
Ehrwürdig nur, weil Hüllen sie verstecken,
Der Riesenschatten unsrer eignen Schrecken
Im hohlen Spiegel der Gewissensangst.

Ein Lügenbild lebendiger Gestalten,
Die Mumie der Zeit,
Vom Balsamgeist der Hoffnung in den kalten
Behausungen des Grabes hingehalten,
Das nennt dein Fieberwahn Unsterblichkeit?

Für Hoffnungen – Verwesung straft sie Lügen –
Gabst du gewisse Güter hin?
Sechstausend Jahre hat der Tod geschwiegen,
Kam je ein Leichnam aus der Gruft gestiegen,
Der Meldung tat von der Vergelterin?" –

Ich sah die Zeit nach deinen Uhren fliegen,
Die blühende Natur
Blieb hinter ihr, ein welker Leichnam, liegen,
Kein Toter kam aus seiner Gruft gestiegen,
Und fest vertraut ich auf den Götterschwur.

All meine Freuden hab ich dir geschlachtet,
Jetzt werf ich mich vor deinen Richterthron.
Der Menge Spott hab ich beherzt verachtet,
Nur deine Güte hab ich groß geachtet,
Vergelterin, ich fordre meinen Lohn.

„Mit gleicher Liebe lieb ich meine Kinder!"
Rief unsichtbar ein Genius.
„Zwei Blumen," rief er, „hört es, Menschenkinder,
Zwei Blumen blühen für den weisen Finder,
Sie heißen Hoffnung und Genuß.

Wer dieser Blumen eine brach, begehre
Die andre Schwester nicht.
Genieße, wer nicht glauben kann. Die Lehre
Ist ewig, wie die Welt. Wer glauben kann, entbehre!
Die Weltgeschichte ist das Weltgericht.

Du hast gehofft, dein Lohn ist abgetragen,
Dein Glaube war dein zugewognes Glück.
Du konntest deine Weisen fragen,
Was man von der Minute ausgeschlagen,
Gibt keine Ewigkeit zurück.

3. Phantasie und Schönheit

Freiheit als Vision und Gestaltungskraft

Freiheit ist nur in dem Reich der Träume,
Und das Schöne blüht nur im Gesang.
Aus: „Antritt des neuen Jahrhunderts“

Schönheit also ist nichts anders als Freiheit in der Erscheinung.
Kallias oder Über die Schönheit, Briefe an Gottfried Körner, 8. Februar 1793

Regelmäßig sein, regelfrei erscheinen

Das schöne Produkt darf und muss sogar regelmäßig sein, aber es muß regelfrei erscheinen.
An Christian Gottfried Körner, 18. Februar 1793

Wie frühe oder wie spät sich der ästhetische Kunsttrieb entwickeln soll, das wird bloß von dem Grade der Liebe abhängen, mit der der Mensch fähig ist, sich bei dem bloßen Schein zu verweilen.
Über die ästhetische Erziehung des Menschen, Brief 26

Beobachtung der Regelmäßigkeit ist nicht allen Objekten natürlich und hemmt bei denen, welchen sie nicht zukommt, die Naturfreiheit. Regelmäßigkeit kann also nicht als allgemeiner Grundbegriff der Schön-

heit gelten, wohl aber Freiheit, d.h. die durch die Natur eines Dinges selbst bestimmte Beschaffenheit.
Inhalt der Ästhetik, ihr Wert und Nutzen. Über die objektiven Bedingungen der Schönheit

Die Kunst ist eine Tochter der Freiheit
Die Kunst ist eine Tochter der Freiheit, und von der Notwendigkeit der Geister, nicht von der Notdurft der Materie will sie ihre Vorschrift empfangen.
Über die ästhetische Erziehung des Menschen, Brief 2

Diese hohe Gleichmütigkeit und Freiheit des Geistes, mit Kraft und Rüstigkeit verbunden, ist die Stimmung, in der uns ein echtes Kunstwerk entlassen soll, und es gibt keinen sicherern Probierstein der wahren ästhetischen Güte.
Über die ästhetische Erziehung des Menschen, Brief 22

Der höchste Genuß ist die Freiheit des Gemüts
Alle Kunst ist der Freude gewidmet, und es gibt keine höhere und keine ernsthaftere Aufgabe, als die Menschen zu beglücken. Die rechte Kunst ist nur diese, welche den höchsten Genuß verschafft. Der höchste Genuß aber ist die Freiheit des Gemütes in dem lebendigen Spiel aller seiner Kräfte.
Über den Gebrauch des Chors in der Tragödie

Der Mensch – ein empfindendes Wesen
Der Mensch ist – ehe er etwas anderes ist –
ein empfindendes Wesen.
Über das Pathetische

Aber hat Natur uns viel entzogen,
war die Kunst uns freundlich doch gewogen,
unser Herz erwarmt an ihrem Licht.
Aus: „An die Freunde“

Warum kann der lebendige Geist dem Geist nicht erscheinen!
Spricht die Seele, so spricht ach! schon die Seele nicht mehr.
„Sprache", Votivtafeln von Schiller und Goethe

Schönheit herrscht durch Liebe

Freiheit regiert die Schönheit
Die Freiheit regiert also jetzt die Schönheit. Die Natur gab die Schönheit des Baues, die Seele gibt die Schönheit des Spiels. Und nun wissen wir auch, was wir unter Anmut und Grazie zu verstehen haben. Anmut ist die Schönheit der Gestalt unter dem Einfluß der Freiheit; die Schönheit derjenigen Erscheinungen, die die Person bestimmt. Die architektonische Schönheit macht dem Urheber der Natur, Anmut und Grazie machen ihrem Besitzer Ehre. Jene ist ein Talent, diese ein persönliches Verdienst.
Über Anmut und Würde

Traurig herrscht der Begriff, aus tausendfach spielenden Formen
Bringet er dürftig und leer immer nur Eine hervor.
Aber von Leben rauscht es und Lust, wo liebend die Schönheit
Herrschet, das ewige Eins wandelt sie tausendfach neu.
Aus Votivtafeln: „Mannigfaltigkeit"

Alles wiederholt sich nur im Leben,
Ewig jung ist nur die Phantasie,
Was sich nie und nirgends hat begeben,
Das allein veraltet nie!
Aus: „An die Freunde"

Durch Schönheit zum Denken geleitet
Durch die Schönheit wird der sinnliche Mensch zur Form und zum Denken geleitet; durch die Schönheit wird der geistige Mensch zur Materie zurückgeführt und der Sinnenwelt wiedergegeben. [...] Dies ist der eigentliche Punkt, auf den zuletzt die ganze Frage über die Schönheit

hinausläuft, und gelingt es uns, dieses Problem befriedigend aufzulösen, so haben wir zugleich den Faden gefunden, der uns durch das ganze Labyrinth der Ästhetik führt.
Über die ästhetische Erziehung des Menschen, Brief 18

Dann erst ist die Vollendung des Menschen da, wenn sich wissenschaftliche und sittliche Kultur wieder in die Schönheit auflöst.
An Körner, Weimar, 9. Februar 1789

Kultur soll uns zur Natur zurückführen
Es gibt Augenblicke in unserm Leben, wo wir der Natur [...] bloß weil sie Natur ist, eine Art von Liebe und von rührender Achtung widmen. [...] Es sind nicht diese Gegenstände, es ist eine durch sie dargestellte Idee, was wir in ihnen lieben. [...] Sie sind, was wir waren; sie sind, was wir wieder werden sollen. Wir waren Natur wie sie, und unsere Kultur soll uns, auf dem Wege der Vernunft und der Freiheit, zur Natur zurückführen. [...] Sie gewähren uns also die ganz eigene Lust, daß sie, ohne uns zu beschämen, unsere Muster.
Über naive und sentimentalische Dichtung

Den Stoff durch die Form vertilgen
In einem wahrhaft schönen Kunstwerk soll der Inhalt nichts, die Form aber alles tun; denn durch die Form allein wird auf das Ganze des Menschen, durch den Inhalt hingegen nur auf einzelne Kräfte gewirkt. [...] Darin also besteht das eigentliche Kunstgeheimnis des Meisters, daß er den Stoff durch die Form vertilgt.
Über die ästhetische Erziehung des Menschen, Brief 22

Simplicität ist das Resultat der Reife.
An Körner, 6. März 1788

Schönheit und Spiel
Der Gegenstand des sinnlichen Triebes, in einem allgemeinen Begriff ausgedrückt, heißt Leben in weitester Bedeutung [...] Der Gegenstand des Formtriebes, in einem allgemeinen Begriff ausgedrückt, heißt Ge-

stalt [...] Der Gegenstand des Spieltriebes, in einem allgemeinen Schema vorgestellt, wird also lebende Gestalt heissen können; ein Begriff, der [...] dem, was man in weitester Bedeutung Schönheit nennt, zur Bezeichnung dient.
Briefe über die ästhetische Erziehung des Menschen, Brief 5

Der Mensch soll mit der Schönheit nur spielen, und er soll nur mit der Schönheit spielen. Denn [...] der Mensch spielt nur, wo er in voller Bedeutung des Worts Mensch ist, und er ist nur da ganz Mensch, wo er spielt. Dieser Satz [...] wird [...] das ganze Gebäude der ästhetischen Kunst und der noch schwierigern Lebenskunst tragen.
Über die ästhetische Erziehung des Menschen, Brief 15

Mit dem Angenehmen, mit dem Guten, mit dem Vollkommenen ist es dem Menschen n u r ernst; aber mit der Schönheit spielt er.
Über die ästhetische Erziehung des Menschen, Brief 15

Nach meinem Begriff ist das Ästhetische Ernst und Spiel zugleich, wobei der Ernst im Gehalte und das Spiel in der Form gegründet ist.
An Goethe, Jena, 17. August 1797

Das Schöne trägt den Keim des Guten
Wirke Gutes, du nährst der Menschheit göttliche Pflanze,
Bilde Schönes, du streust Keime der göttlichen aus.
„Zweierlei Wirkungsarten“, Votivtafeln

Nur aus dem ästhetischen, nicht aber aus dem physischen Zustand [kann] der moralische sich entwickeln.
Über die ästhetische Erziehung des Menschen, Brief 23

Phantasie braucht freiwillige Schranken
Eigentlich ist es doch nur die Kunst selbst, wo ich meine Kräfte fühle, in der Theorie muß ich mich immer mit Prinzipien plagen. Da bin ich bloß ein Dilettant. Aber um der Ausübung selbst willen philosophiere ich gern über die Theorie; die Kritik muß mir jetzt selbst den Schaden

ersetzten, den sie mir zugefügt hat. Und geschadet hat sie mir in der Tat; denn die Kühnheit, die lebendige Glut, die ich hatte, eh mir noch eine Regel bekannt war, vermisse ich schon seit mehreren Jahren. Ich sehe mich jetzt erschaffen und bilden, ich beobachte das Spiel der Begeisterung, und meine Einbildungskraft beträgt sich mit minder Freiheit, seitdem sie sich nicht mehr ohne Zeugen weiß. Bin ich aber erst so weit, daß mir Kunstmässigkeit zur Natur wird wie einem wohlgesitteten Menschen die Erziehung, so erhält auch die Phantasie ihre vorige Freiheit zurück und setzt sich keine andern als freiwillige Schranken.

Man sagt gewöhnlich, daß der Dichter seines Gegenstandes voll sein müsse, wenn er schreibe. Mich kann oft eine einzige und nicht immer eine wichtige Seite des Gegenstandes einladen, ihn zu bearbeiten, und erst unter der Arbeit selbst entwickelt sich Idee aus Idee. Was mich antriebt, die „Künstler" zu machen, ist gerade weggestrichen worden, als sie fertig waren. So wars beim „Karlos" selbst. Mit „Wallenstein" scheint es etwas besser zu gehen; hier war die Hauptidee auch die Aufforderung zum Stücke. Wie ist es aber nun möglich, daß bei einem so unpoetischen Verfahren doch etwas Vortreffliches entsteht? Ich glaube, es ist nicht immer die lebhafte Vorstellung seines Stoffes, sondern oft nur ein Bedürfnis nach Stoff, ein unbestimmter Drang nach Ergiessung strebender Gefühle, was Werke der Begeisterung erzeugt. Das Musikalische eines Gedichtes schwebt mir weit öfter vor der Seele, wenn ich mich hinsetze, es zu machen, als der klare Begriff von Inhalt, über den ich oft kaum mit mir einig bin. Ich bin durch meine Hymne an das Licht, die mich jetzt manchen Augenblick beschäftigt, auf diese Bemerkung geführt worden. Ich habe von diesem Gedicht noch keine Idee, aber eine Ahndung, und doch will ich im voraus versprechen, daß es gelingen wird...

An Körner, Jena 25. Mai 1792

Den Willen in Gesetze schnüren?

Ich soll meinen Leib pressen in eine Schnürbrust und meinen Willen schnüren in Gesetze. Das Gesetz hat zum Schneckengang verdorben, was Adlerflug geworden wäre.

Die Räuber, I, 2, Karl Moor

Den Geist des Alls in körperliche Form binden
Die Natur selbst ist nur eine Idee des Geistes, die nie in die Sinne fällt. [...] Bloß der Kunst des Ideals ist es verliehen, oder vielmehr, es ist ihr aufgegeben, diesen Geist des Alls zu ergreifen und in einer körperlichen Form zu binden.
Vom Gebrauch des Chors in der Tragödie

Schönheit, unsere zweite Schöpferin
Es ist also nicht bloß poetisch erlaubt, sondern auch philosophisch richtig, wenn man die Schönheit unsre zweite Schöpferin nennt.
Über die ästhetische Erziehung des Menschen, Brief 21

Kunst als Retterin der Menschenwürde

Das Schöne als Tor zur Wahrheit
Nur durch das Morgentor des Schönen
Drangst du in der Erkenntnis Land.
Aus: „Die Künstler"

Was wir als Schönheit hier empfunden,
Wird einst als Wahrheit uns entgegengehn.
Aus: „Die Künstler"

In der Wahrheit findet man das Schöne.
An Goethe als er den Mahomet von Voltaire auf die Bühne brachte

Auch das Schöne muß sterben! Das Menschen und Götter bezwinget,
Nicht die eherne Brust rührt es des stygischen Zeus.
Aus: „Nänie"

Die Wahrheit lebt in der Täuschung fort
Die Menschheit hat ihre Würde verloren, aber die Kunst hat sie gerettet und aufbewahrt in bedeutenden Steinen; die Wahrheit lebt in der

Täuschung fort, und aus dem Nachbilde wird das Urbild wiederhergestellt werden.
Briefe über die ästhetische Erziehung des Menschen, Brief 9

Kunst als Sehnsucht, sich selbst hochzuschätzen
Die höchste Fülle des künstlerischen Genusses mit dem gegenwärtigsten Genuß des Herzens zu verbinden, war immer das höchste Ideal, das ich vom Leben hatte, und beide zu vereinigen, ist bei mir auch das unfehlbarste Mittel, jeden zu seiner höchsten Fülle zu bringen. An Euren Herzen, meine Lieben, werde ich diesen Wunsch in Erfüllung sehen. Liebe allein ohne dieses innre Tätigkeitsgefühl würde mir ihren schönsten Genuß bald entziehen. Wenn ich glücklich bleiben soll, so muß ich zum Gefühl meiner Kräfte gelangen, ich muß mich der Glückseligkeit würdig fühlen, die mir wird, – und dieses kann nur geschehen, wenn ich mich in einem Kunstwerk beschaue. Es ist nicht Egoisterei, nicht einmal Stolz, es ist eine von der Liebe unzertrennliche Sehnsucht, sich selbst hochzuschätzen...
An Charlotte von Lengefeld und Caroline von Beulwitz, Jena, 14. Februar 1790

Der Künstler zwischen Weltbürgertum und Nation
Könnt ich es mit dem übrigen vereinigen, so würde ein nationeller Gegenstand doch den Vorzug erhalten. Kein Schriftsteller, sosehr er auch an Gesinnung Weltbürger sein mag, wird in der Vorstellungsart seinem Vaterland entfliehen. Wäre es auch nur die Sprache, was ihn stempelt, so wäre diese allein genug, ihn in eine gewisse Form einzuschränken und seinem Produkt eine nationelle Eigentümlichkeit zu geben.
An Körner, Jena, 28. November 1791

Die Kunst, durch Fehler zu lernen
Ich habe mehr als irgendein anderer meiner Kunstbrüder in Deutschland durch Fehler gelernt, und dies, deucht mir, führt mehr als der sichere Gang eines nie irrenden Genies zur deutlichen Einsicht in das Heiligtum der Kunst. Dies ist es ohngefähr, was ich zu Rechtfertigung

meines Unternehmens im voraus anzuführen weiß; der Erfolg selbst muß das übrige entscheiden.
An den Prinzen F.C. von Augustenburg, Jena, 9. Februar 1793

Kunst wird immer und ist nie
Wenn man die Kunst so wie die Philosophie als etwas, das immer wird und nie ist, also nur dynamisch und nicht, wie sie es jetzt nennen, atomistisch betrachtet, so kann man gegen jedes Produkt gerecht sein, ohne dadurch eingeschränkt zu werden. Es ist aber im Charakter der Deutschen, daß ihnen alles gleich fest wird und daß sie die unendliche Kunst, so wie sie es bei der Reformation mit der Theologie gemacht, gleich in ein Symbolum hineinbannen müssen. Deswegen gereichen ihnen selbst treffliche Werke zum Verderben, weil sie gleich für heilig und ewig erklärt werden und der strebende Künstler immer darauf zurückgewiesen wird. An diese Werke nicht religiös glauben, heißt Ketzerei, da doch die Kunst über allen Werken ist. Es gibt freilich in der Kunst ein Maximum, aber nicht in der modernen, die nur in einem ewigen Fortschritt ihr Heil finden kann.
An Körner, Weimar, 21. Januar 1802

Die höchste Einheit muß sein, aber sie darf der Mannigfaltigkeit nichts nehmen.
Über die naive und sentimentalische Dichtung

Ein Bund mit den Musen und Grazien
An griechischen und römischen Mustern mußte der niedergedrückte Geist nordischer Barbaren sich aufrichten und die Gelehrsamkeit einen Bund mit den Musen und Grazien schließen.
Was heißt und zu welchem Ende studiert man Universalgeschichte?

Der Sinn urteilt vor dem Verstand
Ich nenne die Schönheit eine Pflicht der Erscheinungen, weil das ihr entsprechende Bedürfnis im Subjekte in der Vernunft selbst gegründet und daher allgemein und notwendig ist. Ich nenne sie eine frühere

Pflicht, weil der Sinn schon geurteilt hat, ehe der Verstand sein Geschäft beginnt.
Über Anmut und Würde

Zum Verhältnis von Anmut und Würde

Die schöne Seele wird nicht vom Willen geleitet
Es ist also immer nur der übersinnliche Grund im Gemüte, der die Grazie sprechend, und immer nur ein bloß sinnlicher Grund in der Natur; der sie schön macht.
Über Anmut und Würde

Eine schöne Seele nennt man es, wenn sich das sittliche Gefühl aller Empfindungen des Menschen endlich bis zu dem Grad versichert hat, daß es dem Affekt die Leitung des Willens ohne Scheu überlassen darf und nie Gefahr läuft, mit den Entscheidungen desselben im Widerspruch zu stehen. Daher sind bei einer schönen Seele die einzelnen Handlungen eigentlich nicht sittlich, sondern der ganze Charakter ist es.
Über Anmut und Würde

Die schöne Seele hat kein andres Verdienst, als daß sie ist.
Über Anmut und Würde

In einer schönen Seele ist es also, wo Sinnlichkeit und Vernunft, Pflicht und Neigung harmonieren, und Grazie ist ihr Ausdruck in der Erscheinung.
Über Anmut und Würde

Anmut lässt der Natur einen Schein von Freiwilligkeit
Anmut liegt also in der Freiheit der willkürlichen Bewegungen; Würde in der Beherrschung der unwillkürlichen. Die Anmut läßt der Natur da, wo sie die Befehle des Geistes ausrichtet, einen Schein von Freiwilligkeit; die Würde hingegen unterwirft sie da, wo sie herrschen will, dem Geist. Überall, wo der Trieb anfängt zu handeln und sich heraus-

nimmt, in das Amt des Willens zu greifen, da darf der Wille keine Indulgenz, sondern muß durch den nachdrücklichsten Widerstand seine Selbständigkeit (Autonomie) beweisen. Wo hingegen der Wille anfängt und die Sinnlichkeit ihm folgt, da darf er keine Strenge, sondern muß Indulgenz beweisen. Dies ist mit wenigen Worten das Gesetz für das Verhältnis beider Naturen im Menschen, so wie es in der Erscheinung sich darstellt.
Über Anmut und Würde

Freiheit im Leiden und im Handeln
Würde wird daher mehr im Leiden (pathos), Anmut mehr im Betragen gefordert und gezeigt; denn nur im Leiden kann sich die Freiheit des Gemüts, und nur im Handeln die Freiheit des Körpers offenbaren.
Über Anmut und Würde

Anmut ist individuell, Würde universell
Überhaupt gilt hier das Gesetz, daß der Mensch alles mit Anmut tun müsse, was er innerhalb seiner Menschheit verrichten kann, und alles mit Würde, welches zu verrichten er über seine Menschheit hinausgehen muß.
Über Anmut und Würde

Man muß einen Fehler mit Anmut rügen und mit Würde bekennen. Kehrt man es um, so wird es das Ansehen haben; als ob der eine Teil seinen Vorteil zu sehr, der andre seinen Nachteil zu wenig empfände.
Über Anmut und Würde

Da Würde und Anmut ihre verschiedenen Gebiete haben, worin sie sich äußern, so schließen sie einander in derselben Person, ja in demselben Zustand einer Person nicht aus; vielmehr ist es nur die Anmut, von der die Würde ihre Beglaubigung, und nur die Würde, von der die Anmut ihren Wert empfängt.
Über Anmut und Würde

Anmut und Liberalität
Bei der Würde also führt sich der Geist in dem Körper als Herrscher auf [...]. Bei der Anmut hingegen regiert er mit Liberalität...
Über Anmut und Würde

Moral entwickelt sich aus der Ästhetik
Es gehört also zu den wichtigsten Aufgaben der Kultur, den Menschen auch schon in seinem bloß physischen Leben der Form zu unterwerfen und ihn, so weit das Reich der Schönheit nur immer reichen kann, ästhetisch zu machen, weil nur aus dem ästhetischen, nicht aber aus dem physischen Zustand der moralische sich entwickeln kann.
Über die ästhetische Erziehung des Menschen, Brief 23

Keine ästhetische Kultur geht so weit, dab sie den Naturtrieb auch da zurückweisen könnte, wo er sich für L e b e n und D a s e i n wehrt.
An Prinz F.C. von Augustenburg, Ludwigsburg, 3. Dezember 1793

Erreicht der Dichter den Zweck der Schönheit völlig, so hat er obendrein den moralischen schon erlangt.
Inhalt der Ästhetik, ihr Wert und Nutzen. Unterschied zwischen Empfindung und Gefühl, Lust und Unlust u.s.f.

Vorrang der Ästhetik
Unter den Talenten des Dichters muß die Einbildungskraft den obersten Rang einnehmen.
Inhalt der Ästhetik, ihr Wert und Nutzen. Über die objektiven Bedingungen der Schönheit

Der Dichter, der sich nur Schönheit zum Zwecke setzt, aber dieser heilig folgt, wird am Ende alle andern Rücksichten, die er zu vernachläßigen schien, ohne daß er's will oder weiß, gleichsam zur Zugabe mit erreicht haben; da im Gegenteil derjenige, der zwischen Schönheit und

Moralität, oder was es sonst sei, ängstlich flattert, oder um beide buhlt, leicht es mit jeder verdirbt.
An Körner, Weimar, 25. Dezember 1788

Phantasie als Urkraft der Poesie

Die zügellose Willkür der Phantasie
Der Weg von der Erfahrung zum Ideale ist so weit, und dazwischen liegt die Phantasie mit ihrer zügellosen Willkür.
Über die naive und sentimentalische Dichtung

Für den Ernst sorgt die Vernunft und das Schicksal genug, daß die Phantasie sich nicht damit zu bemengen braucht.
An Körner, Weimar, 21. Januar 1802

Das Historische und Mythische muß unangetastet bleiben, es ist ein unentbehrliches Gegengewicht des Moralischen, und was zur Phantasie spricht, darf am wenigsten vermindert werden.
An Goethe, Weimar, 22. Januar 1802

Der ästhetische Staat gibt Freiheit durch Freiheit
Einen Geist kann nichts verletzen, als was ihm die Freiheit raubt, und er beweist ja die seinige, indem er das Formlose bildet.
Über die ästhetische Erziehung des Menschen, Brief 25

Wenn in dem dynamischen Staat der Rechte der Mensch dem Menschen als Kraft begegnet und sein Wirken beschränkt – wenn er sich ihm in dem ethischen Staat der Pflichten mit der Majestät des Gesetzes entgegenstellt und sein Wollen fesselt, so darf er ihm im Kreise des schönen Umgangs, in dem ästhetischen Staat, nur als Gestalt erscheinen, nur als Objekt des freien Spiels gegenüber stehen. F r e i h e i t z u g e b e n d u r c h F r e i h e i t ist das Grundgesetz dieses Reichs.
Über die ästhetische Erziehung des Menschen, Brief 27

Aus der Ästhetik, wohin sie gehört, verjagt man die Tugend,
Jagt sie, den lästigen Gast, in die Politik hinein.
„Skandal", Xenien und Jeremiade. Gedicht

Kunst hat den frivolen Zweck, zu ergötzen

Um den Künsten einen recht hohen Rang anzuweisen, um ihnen die Gunst des Staates, die Ehrfurcht aller Menschen zu erwerben, vertreibt man sie aus ihrem eigentümlichen Gebiet, um ihnen einen Beruf aufzudringen, der ihnen fremd und ganz unnatürlich ist. Man glaubt ihnen einen großen Dienst zu erweisen, indem man ihnen, anstatt des frivolen Zwecks, zu ergötzen, einen moralischen unterschiebt, und ihr so sehr in die Augen fallender Einfluß auf die Sittlichkeit muß diese Behauptung unterstützen.
Über den Grund des Vergnügens an tragischen Gegenständen

Was ist Poesie?

Die Schönheit der poetischen Darstellung ist „freie Selbstbehandlung der Natur in den Fesseln der Sprache."
Brief an Körner, 1. März 1793

Der Poet – im Himmel des Schöpfers

Die Teilung der Erde

„Nehmt hin die Welt!" rief Zeus von seinen Höhen
Den Menschen zu. „Nehmt, sie soll euer sein!
Euch schenk ich sie zum Erb und ewgen Lehen –
Doch teilt euch brüderlich darein!"

Da eilt', was Hände hat, sich einzurichten,
Es regte sich geschäftig jung und alt.
Der Ackermann griff nach des Feldes Früchten,
Der Junker birschte durch den Wald.
Der Kaufmann nimmt, was seine Speicher fassen,
Der Abt wählt sich den edeln Firnewein,

Der König sperrt die Brücken und die Straßen
Und sprach: „Der Zehente ist mein.“

Ganz spät, nachdem die Teilung längst geschehen,
Naht der Poet, er kam aus weiter Fern –
Ach! da war überall nichts mehr zu sehen,
Und alles hatte seinen Herrn!

„Weh mir! So soll denn ich allein von allen
Vergessen sein, ich, dein getreuster Sohn?“
So ließ er laut der Klage Ruf erschallen
Und warf sich hin vor Jovis Thron.

„Wenn du im Land der Träume dich verweilet“,
Versetzt der Gott, „so hadre nicht mit mir.
Wo warst du denn, als man die Welt geteilet?“
„Ich war“, sprach der Poet, „bei dir.“

„Mein Auge hing an deinem Angesichte,
An deines Himmels Harmonie mein Ohr –
Verzeih dem Geiste, der, von deinem Lichte
Berauscht, das Irdische verlor!“

„Was tun?“ spricht Zeus, „die Welt ist weggegeben,
Der Herbst, die Jagd, der Markt ist nicht mehr mein.
Willst du in meinem Himmel mit mir leben –
So oft du kommst, er soll dir offen sein.“

4. Poesie und Wahrheit

Freiheit als schöpferische Vielfalt in Offenheit

Ehe noch die Wahrheit ihr siegendes Licht in die Tiefen der Herzen sendet, fängt die Dichtungskraft ihre Strahlen auf, und die Gipfel der Menschheit werden glänzen, wenn noch feuchte Nacht in den Tälern liegt.
Briefe über die ästhetische Erziehung, Brief 9

Man kann den Menschen nicht verwehren,
Zu denken, was sie wollen.
Maria Stuart, I, 8, Paulet

Jeder beurteilt fremde Handlungsarten nach der seinigen.
An Charlotte von Lengfeld, Jena, 10. Februar 1790

Poesie fließt frei aus dem Herzen

Des Herzens Andacht hebt sich frei zu Gott
Der Herzens Andacht hebt sich frei zu Gott;
Das Wort ist tot, der Glaube macht lebendig.
Maria Stuart, V, 7, Maria

Die Poesie soll ihren Weg nicht durch die kalte Region des Gedächtnisses nehmen, soll nie die Gelehrsamkeit zu ihrer Auslegerin, nie den Eigennutz zu ihrem Fürsprecher machen. Sie soll das Herz treffen, weil

sie aus dem Herzen floss, und nicht auf den Staatsbürger in dem Menschen, sondern auf den Menschen in dem Staatsbürger zielen.
Über das Pathetische

Das Spiel des Lebens sieht sich heiter an,
Wenn man den sichern Schatz im Herzen trägt.
Die Piccolomini, III, 4, Wallenstein

Hart im Raum stoßen sich die Sachen.
Erloschen sind die heitern Sonnen,
Die meiner Jugend Pfad erhellt,
Die Ideale sind zerronnen,
Die einst das trunkene Herz geschwellt,
Er ist dahin, der süße Glaube
An das Wesen, die mein Traum gebar
Der rauhen Wirklichkeit zum Raube.
Aus: „Die Ideale"

Eng ist die Welt, und das Gehirn ist weit.
Leicht beieinander wohnen die Gedanken.
Doch hart im Raum stoßen sich die Sachen.
Wallensteins Tod, II, 2. Wallenstein

Das Lebens ungemischte Freude
Ward keinem Irdischen zuteil.
Aus: „Der Ring des Polykrates"

Der Schein regiert die Welt
Ich weiß, daß man vor leeren Schrecken zittert;
Doch wahres Unglück bringt der falsche Wahn.
Die Piccolomini, V, 1, 105, Oktavio Piccolomini

Der Menschheit Würde ist in eure Hand gegeben, bewahret sie!
Aus: „Die Künstler"

Der Schein regiert die Welt, und die Gerechtigkeit ist nur auf der Bühne.
Der Parasit

Strafende und lachende Satire
In der Satire wird die Wirklichkeit als Mangel dem Ideal als der höchsten Realität gegenüber gestellt.
Über naive und sentimentalische Dichtung

Die strafende Satire erlangt poetische Freiheit, indem sie ins Erhabene übergeht; die lachende Satire erhält poetischen Gehalt, indem sie ihren Gegenstand mit Schönheit behandelt.
Über naive und sentimentalische Dichtung

Vernunft als Fackel
Die Vernunft ist eine Fackel in einem Kerker.
Philosophische Briefe: Julius an Raphael

Laßt uns helle denken, so werden wir feurig lieben.
Philosophische Briefe, Theosophie des Julius

Die Wahrheit ist vorhanden für den Weisen,
die Schönheit für ein fühlend Herz.
Don Karlos, IV, 21, Marquis Posa

Böse Zeiten
Mir ekelt vor diesem tintenklecksenden Säkulum.
Die Räuber, I, 2, Karl Moor

Mit der Dummheit kämpfen Götter selbst vergebens.
Die Jungfrau von Orleans, II, 6, Talbot

Philosophen verderben die Sprache, Poeten die Logik, und mit dem Menschenverstand kommt man durchs Leben nicht mehr.
„Böse Zeiten"

So erhaben, so groß ist, so weit entlegen der Himmel! Aber der Kleinigkeitsgeist fand auch bis dahin den Weg.
Der astronomische Himmel

Nicht was lebendig, kraftvoll sich verkündigt,
Ist das gefährliche Furchtbare. Das ganz
Gemeine ists, das ewige Gestrige,
Was immer war und immer wiederkehrt,
Und morgen gilt, weils heute hat gegolten!
Wallensteins Tod, I, 4, Wallenstein

Witz und Verstand
Nur der Irrtum ist das Leben, und das Wissen ist der Tod.
„Kassandra"

Willst du dich selber erkennen, so sieh, wie die anderen es treiben,
Willst du die andern verstehn, blick in dein eigenes Herz.
Aus: „Der Schlüssel"

Der ist zu furchtsam, jener zu kühn; nur dem Genius ward es,
In der Nüchternheit kühn, fromm in der Freiheit zu sein.
Aus: „Witz und Verstand"

Glaubt dem Leben
Wem zu glauben ist, redliche Freunde, das kann ich euch sagen,
Glaubt dem Leben, es lehrt besser als Redner und Buch.
„Glaubwürdigkeit", Votivtafeln

Über Natur hinaus baut die Vernunft, doch nur in das Leere,
Du nur, Genius, mehrst in der Natur die Natur.
Aus: „Der Genius"

Der Wein erfindet nichts, er schwatzts nur aus.
Die Piccolomini, IV, 7, Wallenstein

Er ist dahin, der süße Glaube,
An Wesen, die mein Traum gebar,
Der rauen Wirklichkeit zum Raube,
Was einst so schön, so göttlich war.
Aus: „Das Ideale“

Freiheit und Notwendigkeit vereinigen

Der entjochte Mensch erfüllt doch seine Pflichten
Daß der entjochte Mensch jetzt seine Pflichten denkt,
Die Fessel liebet, die ihn lenkt,
Kein Zufall mehr mit ehrnem Zepter ihm gebeut,
Dies dankt euch – eure Ewigkeit ...
Aus: „Die Künstler“

Was kann schwerer sein, als die Wirkungen des Genies unter Prinzipien zu bringen und die Freiheit mit Notwendigkeit zu vereinigen.
An Prinz F.C. von Augustenburg, Jena, 13. Juli 1793

Der Realist kann gegen den Idealisten niemals gerecht sein
Ich zweifle keine Augenblick, daß wir über dieses Symbolum in allen seinen Zweigen einig sein werden. Aber ich leugne nicht, daß ich bei diesem letzten Aufsatz den Wunsch und die Absicht nicht ganz unterdrücken konnte, auch auf andere zu wirken und gewissen Leuten zu zeigen, daß ich mich, wenn es darauf ankommt, auch aus meiner eignen Spezies heraus in einen höhern Standpunkt versetzen kann. Es lag mir daran, diesen Leuten zu zeigen, daß, wenn ihre Art mir auch untersagt, sie doch nicht fremd für mich ist und daß ich einen notwendigen und unwillkürlichen Effekt meiner Natur durch die Reflexion, die ich darüber angestellt, gewissermaßen in meine Wahl verwandelt habe. Und zwar ist diese ein Vorteil, den nur der Idealist hat, denn der Realist kann gegen den Idealisten schlechterdings niemals gerecht sein, denn er kann ihn niemals begreifen.
An Humboldt, Jena, 1. Februar 1796

Es ist also offenbar, daß der Realist würdiger handelt, als er seiner Theorie nach zugibt, so wie der Idealist erhabener denkt, als er handelt. Ohne es sich selbst zu gestehen, beweist jener durch die ganze Haltung seines Lebens die Selbständigkeit, dieser durch einzelne Handlungen die Bedürftigkeit der menschlichen Natur.
Über naive und sentimentalische Dichtung

Das Interesse am Schein als Schritt zur Kultur
Die höchste Stupidität und der höchste Verstand haben darin eine gewisse Affinität miteinander, daß beide nur das Reelle suchen und für den bloßen Schein gänzlich unempfindlich sind. [...] Insofern also das Bedürfnis der Realität und die Anhänglichkeit an das Wirkliche bloße Folgen des Mangels sind, ist die Gleichgültigkeit gegen Realität und das Interesse am Schein eine wahre Erweiterung der Menschheit und ein entschiedener Schritt zur Kultur.
Über die ästhetische Erziehung des Menschen, Brief 26

Der wahre Realist nämlich unterwirft sich [...] der Natur als einem Ganzen, aber [...] nicht ihren blinden und augenblicklichen Nötigungen. Mit Freiheit umfasst und befolgt er ihr Gesetz und [...] daher kann es auch nicht fehlen, daß er mit dem echten Idealisten in dem endlichen Resultat übereinkommen wird [...]. Der gemeine Empiriker hingegen unterwirft sich der Natur als einer Macht und mit wahlloser blinder Ergebung.
Über naive und sentimentalische Dichtung

Jeder, der Gutes wirkt, hat für die Ewigkeit gearbeitet
Alles unser Wissen ist ein Darlehn der Welt und der Vorwelt. Der tätige Mensch trägt es an die Mitwelt und Nachwelt ab; der untätige stirbt mit einer unbezahlten Schuld. Jeder, der etwas Gutes wirkt, hat für die Ewigkeit gearbeitet.
Widmung für Johannes Gross; 22. September 1790

Jeden anderen Meister erkennt man an dem, was er ausspricht,
Was er weise verschweigt, zeigt mir den Meister des Stils.
Aus: „Der Meister"

Wage zu irren und zu träumen

Nie verlässt uns der Irrtum, doch zieht ein höher Bedürfnis
Immer den strebenden Geist leise zur Wahrheit hinan.
Aus: „Trost"

Schädliche Wahrheit, wie zieh ich sie vor dem nützlichen Irrtum!
Wahrheit heilet den Schmerz, den sie vielleicht uns erregt.
Aus: „Was nutzt"

Wage du, zu irren und zu träumen,
Hoher Sinn liegt oft in kind'schem Spiel.
Thekla. Eine Geisterstimme. Gedicht

Wir gelangen nur selten anders als durch Extreme zur Wahrheit – wir müssen den Irrtum – und oft den Unsinn – zuvor erschöpfen, ehe wir uns zu dem schönen Ziele der ruhigen Weisheit hinaufarbeiten.
Philosophische Briefe. Vorerinnerung

Weh dem, der zu der Wahrheit geht durch Schuld

Ihn riß ein tiefer Gram zum frühen Grabe.
„Weh dem", dies war sein warnungsvolles Wort,
Wenn ungestüme Frager in ihn drangen,
„Weh dem, der zu der Wahrheit geht durch Schuld,
Sie wird ihm nimmermehr erfreulich sein."
Aus: „Das verschleierte Bild zu Sais"

Zwischen Wohlstand und Freiheit

Wenn daher der Realist in seinen politischen Tendenzen den Wohlstand bezweckt, [...] so wird der Idealist, selbst auf Gefahr des Wohlstandes, die Freiheit zu seinem Augenmerk machen.
Über naive und sentimentalische Dichtung

Der Mensch besitzt nicht, was er nur in seiner Seele empfindet. Er muß es herausstellen in das lebendige Sein und außer sich anschauen.
An Charlotte von Lengefeld und Caroline von Beulwitz, Jena, 14. November 1789

Einmaligkeit der Empfindungen
Die Menschen suchen immer gleich Worte zu allem, und durch Worte hintergehen sie sich dann. Jede Empfindung ist nur einmal in der Welt vorhanden, in dem einzigen Menschen, der sie hat; Worte aber muß man von Tausenden gebrauchen, und darum passen sie auf keinen.
An Charlotte von Lengefeld, Jena, 10. Februar 1790

Vorrang der poetischen Wahrheit

Wider die Übermacht der Prosa
Es läßt sich, wie ich denke, beweisen, daß unser Denken und Treiben, unser bürgerliches, politisches, religiöses, wissenschaftliches Leben und Wirken wie die Prosa der Poesie entgegengesetzt ist. Diese Übermacht der Prosa in dem Ganzen unsres Zustandes ist meines Bedünkens so groß und so entschieden, daß der poetische Geist, anstatt darüber Meister zu werden, notwenig davon angesteckt und also zugrunde gerichtet werden müßte. Daher weiß ich für den poetischen Genius kein Heil, als daß er sich aus dem Gebiet der wirklichen Welt zurückzieht und anstatt jener Koalition, die ihm gefährlich sein würde, auf die strengste Separation sein Bestreben richtet. Daher scheint es mir gerade ein Gewinn für ihn zu sein, daß er seine eigne Welt formieret und durch die griechischen Mythen der Verwandte eines fernen, fremden und idealischen Zeitalters bleibt, da ihn die Wirklichkeit nur beschmutzen würde. Vielleicht gelingt es mir, in dem Aufsatze, den ich jetzt schreibe, „Über die sentimentalischen Dichter“, Ihnen meine Vorstellungsweise klarer und annehmlicher zu machen.
An Herder, Jena, 4. November 1795

Poetische Idee als höchstes Ziel des menschlichen Geistes
Ich gebe auch bloß dem freiwilligen Zuge meines Herzens nach, indem ich Ihren Rat befolge. Von jeher war Poesie die höchste Angelegenheit meiner Seele, und ich trennte mich eine Zeit lang bloß von ihr, um reicher und würdiger zu ihr zurückzukehren. In der Poesie endigen alle Bahnen des menschlichen Geistes, und desto schlimmer für ihn, wenn er sie nicht bis zu diesem Ziele zu führen den Mut hat.
Die höchste Philosophie endigt in einer poetischen Idee, so die höchste Moralität, die höchste Politik. Der dichterische Geist ist es, der allen dreien das Ideal vorzeichnet, welchem sich anzunähern ihre höchste Vollkommenheit ist.
An die Gräfin Schimmelmann, Jena, 4. November 1795

Religion der Hebräer als Ursprung der Aufklärung
Zwei Religionen, welche den größten Teil der bewohnten Erde beherrschen, das Christentum und der Islamismus, stützen sich beide auf die Religion der Hebräer, und ohne diese würde es niemals weder ein Christentum noch einen Koran gegeben haben.

Ja in einem gewissen Sinne ist es unwiderleglich wahr, daß wir der mosaischen Religion einen großen Teil der Aufklärung danken, deren wir uns heutigentags erfreuen. Denn durch sie wurde eine kostbare Wahrheit, welche die sich selbst überlassene Vernunft erst nach einer langsamen Entwicklung würde gefunden haben, die Lehre von dem einigen Gott, vorläufig unter dem Volke verbreitet und als ein Gegenstand des blinden Glaubens so lange unter demselben erhalten, bis sie endlich in den helleren Köpfen zu einem Vernunftbegriff reifen konnte. Dadurch wurden einem großen Teil des Menschengeschlechtes alle die traurigen Irrwege erspart, worauf der Glaube an Vielgötterei zuletzt führen muß, und die hebräische Verfassung erhielt den ausschließenden Vorzug, daß die Religion der Weisen mit der Volksreligion nicht in direktem Widerspruche stand, wie es doch bei den aufgeklärten Heiden der Fall war.
Die Sendung Moses

Im ästhetischen Staat wird keine fremde Freiheit gekränkt um die seinige zu behaupten
In dem ästhetischen Staate ist alles – auch das dienende Werkzeug ein freier Bürger, der mit dem edelsten gleiche Rechte hat, und der Verstand, der die duldende Masse unter seine Zwecke gewalttätig beugt, muß sie hier um ihre Beistimmung fragen. Hier also, in dem Reiche des ästhetischen Scheins, wird das Ideal der Gleichheit erfüllt, welches der Schwärmer so gern auch dem Wesen nach realisiert sehen möchte; und wenn es wahr ist, daß der schöne Ton in der Nähe des Thrones am frühesten und am vollkommensten reift, so müßte man auch hier die gütige Schickung erkennen, die den Menschen oft nur deswegen in der Wirklichkeit einzuschränken scheint, um ihn in eine idealische Welt zu treiben.

Existiert aber auch ein solcher Staat des schönen Scheins, und wo ist er zu finden? Dem Bedürfnis nach existiert er in jeder feingestimmten Seele; der Tat nach möchte man ihn wohl nur, wie die reine Kirche und die reine Republik, in einigen wenigen auserlesenen Zirkeln finden, wo nicht die geistlose Nachahmung fremder Sitten, sondern eigne schöne Natur das Betragen lenkt, wo der Mensch durch die verwickeltsten Verhältnisse mit kühner Einfalt und ruhiger Unschuld geht und weder nötig hat, fremde Freiheit zu kränken, um die seinige zu behaupten, noch seine Würde wegzuwerfen, um Anmut zu zeigen.
Über die ästhetische Erziehung des Menschen, Brief 23

Es ist die poetische, nicht die historische Wahrheit, auf welche alle ästhetische Wirkung sich gründet.
Über das Pathetische

Was sich nie und nirgends hat begeben,
Das allein veraltet nie!
Aus: „An die Freunde“

Grenzen der Aufklärung, Grenzen der Vernunft
Die Aufklärung, deren sich die höheren Stände unseres Zeitalters nicht mit Unrecht rühmen, ist bloß theoretische Kultur und zeigt, im ganzen

genommen, so wenig einen veredelnden Einfluß auf die Gesinnung, daß sie vielmehr bloß dazu hilft, die Verderbnis in ein System zu bringen und unheilbarer zu machen.
An Prinz F.C. von Augustenburg, Jena, 13. Juli 1793

Astronomen seid ihr und kettet viele Gestirne,
Aber der Horizont decket manch Sternbild euch zu.
„Die Vielwisser", Votivtafeln. Xenien

Wenn die Kultur ausartet, so geht sie in eine weit bösartigere Verderbnis über, als die Barbarei je erfahren kann. Der sinnliche Mensch kann nicht tiefer als zum Tier herabstürzen; fällt aber der aufgeklärte, so fällt er bis zum Teuflischen herab und treibt ein ruchloses Spiel mit dem Heiligsten der Menschheit.
An Prinz F.C. von Augustenburg, Jena, 13. Juli 1793

Manchem spielt seine Phantasie den seltsamen Betrug, daß er über die Moralität noch hinaus und vernünftiger als die Vernunft sein will.
Über die notwendigen Grenzen beim Gebrauch schöner Formen

Die Idee formt die Materie

Frei sein heißt von innen bestimmt sein
Frei sein und durch sich selbst bestimmt sein, von innen heraus bestimmt sein, ist eins. Jede Bestimmung geschieht entweder von außen oder nicht von außen (von innen); was also nicht von außen bestimmt erscheint, muß als von innen bestimmt vorgestellt werden. „Sobald also das Bestimmtsein gedacht wird, so ist das Nichtvonaußenbestimmtsein indirekt zugleich Vorstellung des Voninnenbestimmtseins oder der Freiheit".
An Körner, Jena, 23. Februar 1793; Kallias oder Über die Schönheit

Die wahre Kunst hilft das materielle durch Ideen zu beherrschen

Die wahre Kunst hat es nicht bloß auf ein vorübergehendes Spiel abgesehen, es ist ihr ernst damit, den Menschen nicht bloß in einen augenblicklichen Traum von Freiheit zu versetzen, sondern ihn wirklich und in der Tat frei zu machen, und dieses dadurch, daß sie eine Kraft in ihm erweckt, übt und ausbildet, die sinnliche Welt, die sonst nur als ein roher Stoff auf uns lastet, als eine blinde Macht auf uns drückt, in eine objektive Ferne zu rücken, in ein freies Werk unsers Geistes zu verwandeln, und das Materielle durch Ideen zu beherrschen.

Vorrede zu der Tragödie Braut von Messina

Frei wird die Darstellung, wenn der Verstand den Zusammenhang der Ideen zwar bestimmt, aber mit so versteckter Gesetzmäßigkeit, daß die Einbildungskraft dabei völlig willkürlich zu verfahren und bloß dem Zufall der Zeitverknüpfung zu folgen scheint. Sinnlich wird die Darstellung, wenn sie das Allgemeine in das Besondere versteckt und der Phantasie das lebendige Bild (die ganze Vorstellung) hingibt, wo es bloß um den Begriff (die Teilvorstellung) zu tun ist.

Gebrauch schöner Formen

Denken ist grenzenlos

Das bloße Denken ist grenzenlos, und was keine Grenze hat, kann auch keine überschreiten.

Über naive und sentimentalische Dichtung

Alle Wirklichkeit, wissen wir, bleibt hinter dem Ideale zurück; alles Existierende hat seine Schranken, aber der Gedanke ist grenzenlos.

Über naive und sentimentalische Dichtung

Aufgabe der Dichtkunst

Es ist Aufgabe in der Dichtkunst, das Ideale zu individualisieren und das Individuelle zu idealisieren.

Über naive und sentimentalische Dichtung

Empirie hat zuweilen gegen die Regel recht
Ich glaube doch, daß die Empirie zuweilen gegen die Regel recht hat.
An Humboldt, Jena, 19. November 1795

Vornehm schaut ihr im Glück auf den blinden Empiriker nieder,
Aber, seid ihr in Not, ist er der delphische Gott.
„Letzte Zuflucht", Votivtafeln

Das Gefühl kann wohl lehren, was ist, aber niemals, was sein muß.
Über die notwendigen Grenzen beim Gebrauch schöner Formen
Und es herrscht der Erde Gott, das Geld.
Aus: „An die Freunde"

Am Ende sind wir beide Idealisten
Am Ende sind wir ja beide Idealisten und würden uns schämen, uns nachsagen zu lassen, daß die Dinge uns formten, und nicht wir die Dinge.
An Humboldt, Weimar, 2. April 1805 (ca. 5 Wochen vor Schillers Tod)

Es ist der Geist, der sich den Körper baut.
Wallensteins Tod, III, 13, Wallenstein

Ein schönes Herz hat bald sich heim gefunden,
Es schafft sich selbst, still wirkend, seine Welt.
Aus: „Die Huldigung der Künste". Genius

Das Bewußtsein bestimmt das Sein
Wenn die Materie zu dem Geist nicht hinaufsteigen kann und darf, so bleibt nichts übrig, als daß der Geist zur Materie heruntersteige.
An Prinz F.C. von Augustenburg, Ludwigsburg, 11. November 1793

Das Gemüt in Freiheit versetzen

Tragödie und Komödie
Das Gemüt in Freiheit zu setzen, erzielen beide; die Komödie leistet es aber durch die moralische Indifferenz, die Tragödie durch die Autonomie.
Tragödie und Komödie. Aus dem Nachlaß

Mut zur Unpopularität
Lebe mit deinem Jahrhundert, aber sei nicht sein Geschöpf. Leiste deinen Zeitgenossen, aber, was sie bedürfen, nicht was sie loben.
Über die ästhetische Erziehung des Menschen, Brief 9

Auf dem Wege der Freiheit zurück zur Natur
Unsre Kultur soll uns, auf dem Wege der Vernunft und der Freiheit, zur Natur zurückführen.
Über naive und sentimentalische Dichtung

Wahrheit und Schönheit
Siehst du dort die Sonne
Am Himmel niedergehen – So gewiß
Sie morgen wiederkehrt in ihrer Klarheit,
So unausbleiblich kommt der Tag der Wahrheit!
Die Jungfrau von Orleans, V, 4, Johanna zu Raimond

Die Kunst wird nur dadurch wahr, daß sie das Wirkliche ganz verläßt und rein ideell wird.
Die Braut von Messina. Über den Gebrauch des Chors in der Tragödie

Dem Narrenkönig gehört die Welt
Verflucht sei, wer sein Leben an das Große
und Würd'ge wendet und bedachte Plane
mit weisem Geist entwirft! Dem Narrenkönig
gehört die Welt.
Die Jungfrau von Orleans, III, 6, Talbot zu Lionel

Der Poet: Über dem Wirklichen und innerhalb des Sinnlichen
Zweierlei gehört zum Poeten und Künstler: daß er sich über das Wirkliche erhebt und daß er innerhalb des Sinnlichen stehenbleibt. Wo beides verbunden ist, da ist ästhetische Kunst.
An Goethe, Jena, 14. September 1797

Ohne Liebe kann keine poetische Tätigkeit bestehen.
An Körner, Weimar, 13. Mai 1801

Zum Poeten machte mich das Schicksal, ich könnte mich auch, wenn ich noch so sehr wollte, von dieser Bestimmung nie weit verlieren.
An Körner, Jena, 1. Februar 1790

Es gibt zweierlei Wege, auf denen die unbeseelte Natur ein Symbol der menschlichen werden kann, entweder als Darstellung von Empfindungen oder als Darstellung von Ideen.
Über Matthissons Gedichte

Das Reich der Vernunft ist ein Reich der Freiheit
Das Reich der Vernunft ist ein Reich der Freiheit, und keine Knechtschaft ist schimpflicher, als die man auf diesem heiligen Boden erduldet. Aber viele, die sich ohne innere Befugnis darauf niederlassen, beweisen, daß sie nicht frei geboren, bloß frei gelassen sind.
An Prinz F.C. von Augustenburg, Jena, 13. Juli 1793

Das Schöne, das Wahre ist in Dir

Die Worte des Wahns

Drei Worte hört man, bedeutungschwer,
Im Munde der Guten und Besten.
Sie schallen vergeblich, ihr Klang ist leer,
Sie können nicht helfen und trösten.

Verscherzt ist dem Menschen des Lebens Frucht,
So lang er die Schatten zu haschen sucht.
So lang er glaubt an die goldene Zeit,
Wo das Rechte, das Gute wird siegen –

Das Rechte, das Gute führt ewig Streit,
Nie wird der Feind ihm erliegen,
Und erstickst du ihn nicht in den Lüften frei,
Stets wächst ihm die Kraft auf der Erde neu.

So lang er glaubt, daß das buhlende Glück
Sich dem Edeln vereinigen werde –
Dem Schlechten folgt es mit Liebesblick;
Nicht dem Guten gehöret die Erde,

Er ist ein Fremdling, er wandert aus
Und suchet ein unvergänglich Haus.
So lang er glaubt, daß dem ird'schen Verstand
Die Wahrheit je wird erscheinen –

Ihren Schleier hebt keine sterbliche Hand;
Wir können nur raten und meinen.
Du kerkerst den Geist in ein tönend Wort,
Doch der freie wandelt im Sturme fort.

Drum, edle Seele, entreiß dich dem Wahn
Und den himmlischen Glauben bewahre!
Was kein Ohr vernahm, was die Augen nicht sahn,
Es ist dennoch das Schöne, das Wahre!
Es ist nicht draußen, da sucht es der Tor;
Es ist in dir, du bringst es ewig hervor.

5. Widerstand und Ordnung

Freiheit als politische Kraft

Politische und bürgerliche Freiheit bleibt immer und ewig das heiligste aller Güter, das würdigste Ziel aller Anstrengungen und das große Zentrum aller Kultur.
An Prinz F.C. von Augustenburg, Jena, 13. Juli 1793

Der Staat ist ein Menschenwerk, der Mensch ist ein Werk der unerreichbaren großen Natur. Der Staat ist ein Geschöpf des Zufalls, aber der Mensch ist ein notwendiges Wesen, und durch was sonst ist ein Staat groß und ehrwürdig als durch die Kräfte seiner Individuen? Der Staat ist nur eine Wirkung der Menschenkraft, nur ein Gedankenwerk, aber der Mensch ist die Quelle der Kraft selbst, und der Schöpfer des Gedankens.
Brief an Caroline von Beulwitz, 27. November 1788

Freiheit als Wagestück der Vernunft

Die Staatsverfassung als Garantin des Individualismus
Hindert eine Staatsverfassung, daß alle Kräfte, die im Menschen liegen, sich entwickeln, hindert sie die Fortschreitung des Geistes, so ist ihre Dauerhaftigkeit nur ein verlängertes Übel.
Die Gesetzgebung des Lykurgus und Solon (zitiert im ersten „Flugblatt der weissen Rose“, Juni 1942)

Eine Staatsverfassung wird noch sehr unvollendet sein, die nur durch Aufhebung der Mannigfaltigkeit Einheit zu bewirken imstande ist. Der

Staat soll nicht bloß den objektiven und generischen, er soll auch den subjektiven und spezifischen Charakter in den Individuen ehren und, indem er das unsichtbare Reich der Sitten ausbreitet, das Reich der Erscheinung nicht entvölkern.
Über die ästhetische Erziehung des Menschen, Brief 4

Der Abfall des Menschen vom Instinkte
Wenn wir also jene Stimme Gottes in Eden, die ihm den Baum der Erkenntnis verbot, in eine Stimme seines Instinktes verwandeln, der ihn von diesem Baume zurückzog, so ist sein vermeintlicher Ungehorsam gegen jenes göttliche Gebot nichts anderes als – ein Abfall von seinem Instinkte – also erste Äußerung seiner Selbsttätigkeit, erstes Wagestück seiner Vernunft, erster Anfang seines moralischen Daseins. Dieser Abfall des Menschen vom Instinkte, der das moralische Übel zwar in die Schöpfung brachte, aber nur um das moralische Gute darin möglich zu machen, ist ohne Widerspruch die glücklichste und größte Begebenheit in der Menschengeschichte, von diesem Augenblick her schreibt sich seine Freiheit, hier wurde zu seiner Moralität der erste entfernte Grundstein geleget. (...)

Der Philosoph hat Recht, es einen Riesenschritt der Menschheit zu nennen, denn der Mensch wurde dadurch aus einem Sklaven des Naturtriebes ein freihandelndes Geschöpf, aus einem Automat ein sittliches Wesen, und mit diesem Schritt trat er zuerst auf die Leiter, die ihn nach Verlauf von vielen Jahrtausenden zur Selbstherrschaft führen wird.
Etwas über die erste Menschengesellschaft nach dem Leitfaden der mosaischen Urkunde

Freiheit als Grundlage der politischen Verbindung
Der Mensch ist aus seiner langen Indolenz und Selbsttäuschung aufgewacht, und mit nachdrücklicher Stimmenmehrheit fordert er die Wiederherstellung in seine unverlierbaren Rechte. Aber er fordert sie nicht bloß, jenseits und diesseits steht er auf, sich gewaltsam zu nehmen, was ihm nach seiner Meinung mit Unrecht verweigert wird. Das Gebäude des Naturstaates wankt, seine mürben Fundamente weichen, und eine

physische Möglichkeit scheint gegeben, das Gesetz aus den Thron zu stellen, den Menschen endlich als Selbstzweck zu ehren und wahre Freiheit zur Grundlage der politischen Verbindung zu machen.
Über die ästhetische Erziehung des Menschen, Brief 5

Eine Freiheit macht uns alle frei
Kämpfe
Fürs Vaterland, du kämpfst für deine Liebe!
Es ist e i n Feind, vor dem wir alle zittern,
Und e i n e Freiheit macht uns alle frei!
Wilhelm Tell, III, 2, Bertha

Geben Sie,
Was Sie uns nahmen, wieder. Werden Sie
Von Millionen Königen ein König.
Don Karlos, III, 10, Marquis Posa

Freiheit – ein flüchtig Ziel
Zum Hirten hat Natur mich nicht gebildet,
Rastlos muß ich ein flüchtig Ziel verfolgen,
Dann erst genieß ich meines Lebens recht,
Wenn ich mirs jeden Tag aufs neu erbeute.
Wilhelm Tell, III, 1, Tell

Gesetzgebung als Schutz der Freiheit

Das Auge des Gesetzes wacht.
Aus: „Das Lied von der Glocke"

Es kann der Frömmste nicht in Frieden bleiben,
wenn es dem bösen Nachbarn nicht gefällt.
Wilhelm Tell, IV, 3, Tell

Gefährlich ist's, den Leu zu wecken,
Verderblich ist des Tigers Zahn,
Jedoch der schrecklichste der Schrecken,
Das ist der Mensch in seinem Wahn.
Aus: „Das Lied von der Glocke"

Rache trägt keine Frucht! Sich selbst
ist sie die fürchterliche Nahrung.
Wilhelm Tell, V, 1, Walther Fürst

Gesetzgebung als Dialog
Einer, das höret man wohl, spricht nach dem andern, doch keiner mit dem andern; wer nennt zwei Monologe Gespräch?
An die Gesetzgeber

Gesetz und Willkür
Das Gesetz hat noch keinen grossen Mann gebildet, aber die Freiheit brütet Kolosse und Extremitäten aus.
Die Räuber, I, 2, Karl Moor

Ich zweifle nicht, daß ein Gesetz, ausdrücklich
Auf mich gemacht, verfasst, mich zu verderben,
Sich gegen mich wird brauchen lassen – Wehe
Dem armen Opfer, wenn derselbe Mund,
Der das Gesetz gab, auch das Urteil spricht!
Maria Stuart, I, 7, Maria

Gesetze für Bürger – statt Bürger für Gesetze
Lykurgus begriff wohl, daß es nicht damit getan sei, Gesetze für seine Mitbürger zu schaffen, er mußte auch Bürger für diese Gesetze erschaffen.
Die Gesetzgebung des Lykurgus und Solon

Drum haltet fest zusammen – fest und ewig
Kein Ort der Freiheit sei dem andern fremd

Hochwachten stellet aus auf euren Bergen,
Daß sich der Bund zum Bunde rasch versammle
Seid einig – einig – einig –
Wilhelm Tell, IV, 2, Attinghausen (letzte Worte)

Denn Recht hat jeder eigene Charakter,
Der übereinstimmt mit sich selbst, es gibt
Kein andres Unrecht, als den Widerspruch.
Wallensteins Tod, I, 7, Gräfin Terzky

Damals war das Studium der Weisheit noch nicht wie jetzt von politischer und kriegerischer Wirksamkeit getrennt; der Weise war der beste Staatsmann, der erfahrenste Feldherr, der tapferste Soldat, seine Weisheit floss in alle Geschäfte seines bürgerlichen Lebens.
Die Gesetzgebung des Lykurgus und Solon

Der freie Bürger als Ideal
Stellen Sie der Menschheit
Verlornen Adel wieder her. Der Bürger
Sei wiederum, was er zuvor gewesen,
Der Krone Zweck –
Don Karlos, III, 10, Marquis Posa

Das Jahrhundert
Ist meinem Ideal nicht reif. Ich lebe
Ein Bürger derer, welche kommen werden.
Don Karlos, III, 10, Marquis Posa

Und frei erklär ich alle meine Knechte.
Wilhelm Tell, V, 3 (Schluss); Rudenz

Die schönsten Träume von Freiheit werden ja im Kerker geträumt.
Briefe über Don Karlos

Man ist Zeitbürger und Staatsbürger
Ich möchte nicht gern in einem andern Jahrhundert leben und für ein andres gearbeitet haben. Man ist ebenso gut Zeitbürger, als man Staatsbürger ist ...
Über die ästhetische Erziehung des Menschen, Brief 2

Der beste Staat

Man soll die Stimmen wägen und nicht zählen
Was ist die Mehrheit? Mehrheit ist der Unsinn,
Verstand ist stets bei wen`gen nur gewesen.
Bekümmert sich ums Ganze, wer nichts hat?
Hat der Bettler eine Freiheit, eine Wahl?
Er muß dem Mächtigen, der in bezahlt,
Um Brot und Stiefel seine Stimm verkaufen.
Man soll die Stimmen wägen und nicht zählen;
Der Staat muß untergehn, früh oder spät,
Wo Mehrheit siegt und Unverstand entscheidet.
Demetrius, I, 3, Sapieha

Das Geschenk liberaler Grundsätze wird Verräterei an dem Ganzen, wenn es sich zu einer noch gärenden Kraft gesellt ...
Über die ästhetische Erziehung des Menschen, Brief 7

Alle großen Versammlungen haben immer eine gewisse Gesetzlosigkeit in ihrem Gefolge, – alle kleinern aber haben Mühe, sich von aristokratischem Despotismus ganz rein zu erhalten. Zwischen beiden eine glückliche Mitte zu treffen, ist das schwerste Problem, das die kommenden Jahrhunderte erst auflösen sollen.
Die Gesetzgebung des Lykurgus und Solon

Monarchie ohne Ausgang
Die Monarchie, sagt er [Solon], sei ein schöner Wohnplatz, aber er habe keinen Ausgang.
Die Gesetzgebung des Lykurgus und Solon

Ins Feld in die Freiheit gezogen
Wohl auf, Kameraden, aufs Pferd, aufs Pferd!
Ins Feld, in die Freiheit gezogen.
Im Felde, da ist der Mann noch was wert.
Da wird das Herz noch gewogen.
Wallensteins Lager, XI, 2, Zweiter Kürassier, Reiterlied

Rettung vor Tyrannenketten
Rettung von Tyrannenketten,
Großmut auch dem Bösewicht,
Hoffnung auf den Sterbebetten,
Gnade auf dem Hochgericht!
Aus: „An die Freude" (Erstdruck, später weggelassen)

Freiheit liegt in der Mitte zwischen gesetzlichem Druck und Anarchie
So wie die Freiheit zwischen dem gesetzlichen Druck und der Anarchie mitten inne liegt, so werden wir jetzt auch die Schönheit zwischen der Würde, als dem Ausdruck des herrschenden Geistes, und der Wollust, als dem Ausdruck des herrschenden Triebes, in der Mitte finden.
Über Anmut und Würde

„Woran erkenn ich den besten Staat?" Woran du die beste
Frau kennst! daran, mein Freund, daß man von beiden nicht spricht.
Votivtafeln

Der Staat ist niemals Zweck

Der Staat ist nur wichtig als eine Bedingung
Alles darf dem Besten des Staats zum Opfer gebracht werden, nur

dasjenige nicht, dem der Staat selbst nur als ein Mittel dient. Der Staat selbst ist niemals Zweck, er ist nur wichtig als eine Bedingung, unter welcher der Zweck der Menschheit erfüllt werden kann ...
Die Gesetzgebung des Lykurgus und Solon

Der Starke ist am mächtigsten allein
Stauffacher: Wir könnten viel, wenn wir zusammenstünden.
Tell: Beim Schiffbruch hilft der einzelne sich leichter.
Stauffacher: So kalt verlasst Ihr die gemeine Sache?
Tell: Ein jeder zählt nur sicher auf sich selbst.
Stauffacher: Verbunden werden auch die Schwachen mächtig.
Tell: Der Starke ist am mächtigsten allein.
Wilhelm Tell, I, 3

Was nicht verboten ist, ist erlaubt
Was nicht verboten ist, ist erlaubt;
Da fragt niemand, was einer glaubt.
Wallensteins Lager, 6. Erster Jäger zu Wachtmeister

Herrenlos ist auch der Freiste nicht
Denn dieses ist der Freien einz'ge Pflicht,
Das Reich zu schirmen, das sie selbst beschirmt.
Wilhelm Tell, II, 2, Stauffacher

Denn herrenlos ist auch der Freiste nicht,
Ein Oberhaupt muß sein, ein höchster Richter,
Wo man das Recht mag schöpfen in dem Streit.
Wilhelm Tell, II, 2. Stauffacher

Ursprung und Ziel der Gesellschaft

Die Abhängigkeit der Menschen beginnt mit der Ungleichheit
Einige waren weniger arbeitsam, einige weniger von dem Glück und ihrem Erdreich begünstig, einige schwächlicher geboren als die andern;

es gab also Starke und Schwache, Herzhafte und Verzagtem Wohlhabende und Arme. Der Schwache und Arme mußte bitten, der Wohlhabende konnte geben und versagen. Die Abhängigkeit der Menschen von Menschen fing an. (...)

Die Natur der Dinge hatte es einführen müßen, daß das hohe Alter von der Arbeit befreite und der Jüngling für den Greis, der Sohn für den grauen Vater die Geschäfte übernahm. Bald wurde diese Pflicht der Natur von der Kunst nachgeahmt. Manchem mußte der Wunsch aufsteigen, die bequeme Ruhe des Greisen mit den Genüssen des Jünglings zu verbinden und sich künftig jemand zu verschaffen, der für den Armen oder Schwächern, der seinen Schutz aufforderte oder seinen Überfluß in Anspruch nahm. Der Arme und Schwache bedurfte seines Beistandes, er hingegen brauchte den Fleiß des Armen. Das eine also wurde die Bedingung des andern. Der Arme und Schwache diente und empfing, der Starke und Reiche gab und ging müßig.

Das Glück führte den Reichen zum Müßiggang, der Müßigang führte ihn zur Lüsternheit und endlich zum Laster. Sein Leben auszufüllen, mußte er die Zahl seiner Genüsse vermehren; schon reichte das gewöhnliche Maß der Natur nicht mehr hin, den Schwelger zu befriedigen, der in seiner trägen Ruhe auf Ergötzungen sann.

Etwas über die erste Menschengesellschaft nach dem Leitfaden der Mosaischen Urkunde

Entweder Herr oder eines Herren Knecht

Er mußte darauf denken, ihn durch künstliche Reize zu erheben (...) Er nahm nicht mehr vorlieb mit dem, was den sinnlichen Trieb nur befriedigte; er wollte in einen Genuß mehrere und feinere Freuden gelegt haben.(...) Er überredete sich leicht, daß alles sein sei, was seinen Knechten gehöre. Weil ihm alles hinging, so erlaubte er sich alles.(...) Sobald aber nun das Beispiel einmal gegeben war, so mußte die Sittenverderbnis bald allgemein werden. Je weniger Zwangsgesetze sie nämlich vorfand, die ihr hätten Einhalt tun können, je näher die Gesellschaft, in welcher diese Sittenlosigkeit aufkam, noch dem Stande der Unschuld war, desto reißender mußte sie sich verbreiten. (...) Das Recht des Stärken kam auf, Macht berechtigte zur Unterdrückung, und

zum erstenmal zeigen sich Tyrannen (...) damals aber war jene andre Lebensweise in der Welt, als man mußte entweder Herr oder eines Herren Knecht sein.
Etwas über die erste Menschengesellschaft nach dem Leitfaden der Mosaischen Urkunde

Diese überhandnehmende Unordnung in der ersten Gesellschaft würde sich endlich wahrscheinlich mit Ordnung geendigt und die einmal aufgehobene Gleichheit unter den Menschen von dem patriarchalischem Regiment zu Monarchien geführt haben – einer dieser Abenteuer, mächtiger und kühner als die andern, würde sich zu ihrem Herrn aufgeworfen, eine feste Stadt gebaut und den ersten Staat gegründet haben – aber diese Erscheinung kam dem Wesen, das das Schicksal der Welt lenkt, noch zu frühe, und eine fürchterliche Naturbegebenheit hemmte plötzlich alle Schritte, welche das Menschengeschlecht zu seiner Verfeinerung zu tun im Begriff war.
Etwas über die erste Menschengesellschaft nach dem Leitfaden der Mosaischen Urkunde

Der erste König war ein Usurpator
Es scheint also dem Gang der Dinge gemäßer, daß der erste König ein Usurpator war, den nicht ein freiwilliger einstimmiger Ruf der Nation (denn damals war noch keine Nation), sondern Gewalt und Glück und eine schlagfertige Miliz auf den Thron setzten.
Etwas über die erste Menschengesellschaft nach dem Leitfaden der Mosaischen Urkunde

Aber diese Empfindungen können sich nur auf ein (wahres oder täuschendes) Gefühl eigener Kräfte stützen, und wo sollen die Sklaven der Ägypter dieses Gefühl hernehmen? (...) Dieses Instrument ist kein andres als das Vertrauen auf überirdischen Schutz, Glaube an übernatürliche Kräfte (...).
Die Sendung Moses

Despotien sind dem Untergang geweiht
Für despotisch beherrschte Staaten ist keine Rettung als in dem Untergang.
Über Völkerwanderung, Kreuzzüge und Mittelalter

Despoten sind nicht immer gut befolgt, wenn sie Abscheulichkeiten gebieten.
Die Sendung Moses

Das gemeinschaftliche Ziel des Despotismus und des Priestertums ist Einförmigkeit, und Einförmigkeit ist ein notwendiges Hilfsmittel der menschlichen Armut und Beschränkung.
Geschichte des Abfalls der vereinigten Niederlande von der spanischen Regierung

Groß und beruhigend ist der Gedanke, daß gegen die trotzigen Anmaßungen der Fürstengewalt endlich noch eine Hülfe vorhanden ist, daß ihre berechnetsten Pläne an der menschlichen Freiheit zu Schanden werden, daß ein herzhafter Widerstand auch den gestreckten Arm eines Despoten beugen, heldenmütige Beharrung seine schrecklichen Hülfsquellen erschöpfen kann.
Einleitung zur Geschichte des Abfalls der Vereinigten Niederlande von der spanischen Regierung

Die unentbehrlichste Stütze aller Verfassung ist Religion
Als ein Priester und Staatsmann aber weiß er [Moses] daß die stärkste und unentbehrlichste Stütze aller Verfassung Religion ist. (...)

Alle andre Staaten jener Zeit und auch der folgenden Zeiten sind auf Betrug oder Irrtum, auf Vielgötterei gegründet, obgleich, wie wir gesehen haben, in Ägypten ein kleiner Zirkel war, der richtige Begriffe von dem höchsten Wesen hegte. Moses, der selbst aus diesem Zirkel ist und nur diesem Zirkel seine bessere Idee von dem höchsten Wesen zu danken hat, Moses ist der erste, der es wagt, dieses geheim gehaltene Resultat der Mysterien nicht nur laut, sondern sogar zu Grundlage eines Staats zu machen. Er wird also, zum Besten der Welt und der Nachwelt,

ein Verräter der Mysterien und läßt eine ganze Nation an einer Wahrheit teilnehmen, die bis jetzt nur das Eigentum weniger Weisen war.
Die Sendung Moses

Die hebräische Verfassung erhielt den ausschließenden Vorzug, daß die Religion der Weisen mit der Volksreligion nicht in direktem Widerspruch stand, wie es doch bei den aufgeklärten Heiden der Fall war.
Die Sendung Moses

Ich weiß wohl, daß derjenige auf Ewigkeit hofft, der hier zu kurz gekommen ist.
Die Räuber, V, 1, Franz Moor

Die Gesellschaft fällt in einen moralischen Naturzustand auseinander
Ewig bleibt der Staat seinen Bürgern fremd, weil ihn das Gefühl nirgends findet. Genötigt, sich die Mannigfaltigkeit seiner Bürger durch Klassifizierung zu erleichtern und die Menschheit nie anders als durch Repräsentation aus der zweiten Hand zu empfangen, verliert der regierende Teil sie zuletzt ganz und gar aus den Augen, indem er sie mit einem bloßen Machwerk des Verstandes vermengt: und der regierte kann nicht anders als mit Kaltsinn die Gesetze empfangen, die an ihn selbst so wenig gerichtet sind. Endlich überdrüssig, ein Band zu unterhalten, das ihr von dem Staate so wenig erleichtert wind, fällt die positive Gesellschaft (wie schon längst das Schicksal der meisten europäischen Staaten ist) in einen moralischen Naturstand aus einander, wo die öffentliche Macht nur eine Partei mehr ist, gehaßt und hintergangen von dem, der sie nötig macht, und nur von dem, der sie entbehren kann, geachtet.
Über die ästhetische Erziehung des Menschen, Brief 6

Geben Sie Gedankenfreiheit

Ein Federzug von dieser Hand
Alle Könige
Europens huldigen dem span'schen Namen.
Gehen Sie Europens Königen voran.
Ein Federzug von dieser Hand, und neu
Erschaffen wird die Erde. Geben Sie
Gedankenfreiheit. –
Don Karlos, III, 10, Marquis Posa zu König Philipp

Freiheit ruft die Vernunft, Freiheit die wilde Begierde
Seine Fesseln zerbricht der Mensch. Der Beglückte! Zerriß er
Mit den Fesseln der Furcht nur nicht den Zügel der Scham!
Freiheit ruft die Vernunft, Freiheit die wilde Begierde,
Von der heiligen Natur ringen sie lüstern sich los.
Aus: „Der Spaziergang"

Ungleich verteilt sind des Lebens Güter
Ungleich verteilt sind des Lebens Güter
Unter der Menschen flücht'gem Geschlecht;
Aber die Natur, sie ist ewig gerecht.
Uns verlieh sie das Mark und die Fülle,
Die sich immer erneuend erschafft,
Jenen ward der gewaltige Wille
Und die unzerbrechliche Kraft.
Mit der furchtbaren Stärke gerüstet,
Führen sie aus, was dem Herzen gelüstet,
Füllen die Erde mit mächtigem Schall;
Die Braut von Messina, I, 3, Erster Chor

Wo Eines Platz nimmt, muß das Andre rücken,
Wer nicht vertrieben sein will, muß vertreiben;
Da herrscht der Streit, und nur die Stärke siegt.
Wallensteins Tod, II, 2, Wallenstein zu Max Piccolomini

Kulturblüte auf Kosten der Freiheit
Alle verfeinerten Nationen des Altertums haben die Blüte ihrer Kultur mit ihrer Freiheit erkauft, weil sie ihre Ruhe von der Unterdrückung erhielten. Und eben darum gereichte ihre Kultur ihnen zum Verderben, weil sie aus dem Verderblichen entstanden war.
Über Völkerwanderung, Kreuzzüge und Mittelalter

Alle Reform muss von der Denkungsart ausgehen
Alle Reform, die Bestand haben soll, muß von der Denkungsart ausgehen, und wo eine Verderbnis in den Prinzipien herrscht, da kann nichts Gesundes, nichts Gutartiges aufkeimen.
An Prinz F.C von Augustenburg, Jena, 13. Juli 1793

Der Mensch ist frei geschaffen

Die Worte des Glaubens

Drei Worte nenn' ich euch, inhaltschwer,
Sie gehen von Munde zu Munde,
Doch stammen sie nicht von außen her;
Das Herz nur gibt davon Kunde.

Dem Menschen ist aller Wert geraubt,
Wenn er nicht mehr an die drei Worte glaubt.
Der Mensch ist frei geschaffen, ist frei,
Und würd' er in Ketten geboren,

Laßt euch nicht irren des Pöbels Geschrei,
Nicht den Mißbrauch rasender Toren!
Vor dem Sklaven, wenn er die Kette bricht,
Vor dem freien Menschen erzittert nicht!

Und die Tugend, sie ist kein leerer Schall,
Der Mensch kann sie üben im Leben,

Und sollt' er auch straucheln überall,
Er kann nach der göttlichen streben,

Und was kein Verstand der Verständigen sieht,
Das übet in Einfalt ein kindlich Gemüt.
Und ein Gott ist, ein heiliger Wille lebt,
Wie auch der menschliche wanke;
Hoch über der Zeit und dem Raume webt
Lebendig der höchste Gedanke,
Und ob alles in ewigem Wechsel kreist,
Es beharret im Wechsel ein ruhiger Geist.

Die drei Worte bewahret euch, inhaltschwer,
Sie pflanzet von Munde zu Munde,
Und stammen sie gleich nicht von außen her,
Euer Innres gibt davon Kunde.
Dem Menschen ist nimmer sein Wert geraubt,
So lang er noch an die drei Worte glaubt.

6. Wille und Schicksal

Freiheit als Impuls der Weltgeschichte

Die Weltgeschichte ist das Weltgericht.
Aus: „Resignation“

Der Mensch allein hat als Person unter allen bekannten Wesen das Vorrecht, in den Ring der Notwendigkeit, der für bloße Naturwesen unzerreißbar ist, durch seinen Willen zu greifen und eine ganz frische Reihe von Erscheinungen in sich selbst anzufangen. Der Akt, durch den er dieses wirkt, heißt vorzugsweise eine Handlung, und diejenigen seiner Verrichtungen, die aus einer solchen Handlung herfließen, ausschließungsweise seine Taten. Er kann also, daß er eine Person ist, bloß durch seine Taten beweisen.
Über Anmut und Würde

Die Macht des freien Willens

Es gibt in dem Menschen keine andere Macht als seinen Willen, und nur was den Menschen aufhebt, der Tod und jeder Raub des Bewußtseins, kann die innere Freiheit aufheben.
Über die ästhetische Erziehung des Menschen, Brief 19

Alle anderen Dinge müssen; der Mensch ist das Wesen, welches will. Eben deswegen ist des Menschen nichts so unwürdig, als Gewalt zu erleiden, denn Gewalt hebt ihn auf.
Über das Erhabene

Der Wille des Menschen steht aber vollkommen frei zwischen Pflicht und Neigung, und in dieses Majestätsrecht seiner Person kann und darf keine physische Nötigung eingreifen.
Über die ästhetische Erziehung des Menschen, Brief 4

Es ist Pflicht für jeden Willen, so zu handeln, sobald er ein freier Wille ist; daß es aber überhaupt eine Freiheit des Willens gibt, welche es möglich macht, so zu handeln, dies ist eine Gunst der Natur in Rücksicht auf dasjenige Vermögen, welchem Freiheit Bedürfnis ist.
Über das Pathetische

Des Menschen Wille ist sein Glück

Wir handeln, wie wir müssen.
So laß uns das Notwendige mit Würde,
mit festem Schritte tun –
Wallensteins Tod, II, 2, Wallenstein zu Max Piccolomini

Des Menschen Wille, das ist sein Glück.
Wallensteins Lager, 7., Zweiter Jäger zu Bürger

Den Menschen macht sein Wille groß und klein.
Wallensteins Tod, IV, 8, Buttler zu Gordon

Die Freiheit des Lebendigen äußert sich nur in Handlung.
An Körner, Jena, 23. Februar 1793; Kallias oder Über die Schönheit

Zwischen Sein und Sollen

Lebe mit deinem Jahrhundert, aber sei nicht sein Geschöpf; leiste deinen Zeitgenossen, aber was sie bedürfen, nicht was sie loben. Ohne ihre Schuld geteilt zu haben, teile mit edler Resignation ihre Strafen und beuge dich mit Freiheit unter das Joch, das sie gleich schlecht entbehren und tragen. Durch den standhaften Mut, mit dem du ihr Glück verschmähest, wirst du ihnen beweisen, daß nicht deine Feigheit sich ihren Leiden unterwirft. Denke sie dir, wie sie sein sollten, wenn du auf

sie zu wirken hast, aber denke sie dir, wie sie sind, wenn du für sie zu handeln versucht wirst.
Über die ästhetische Erziehung des Menschen, Brief 9

Des Geschickes Mächte
Nur ein verzweifelter Spieler
setzt alles auf einen Wurf.
Kabale und Liebe V, 5, Ferdinand

Was doch der Mensch nicht wagt für den Gewinn!
Demetrius, II, 1, Alexia

Böses Gewerbe bringt bösen Lohn.
Wallensteins Lager, I, 10, Wallenstein

Doch mit des Geschickes Mächten
Ist kein ewger Bund zu flechten.
Aus: "Das Lied von der Glocke"

In Deiner Brust sind Deines Schicksals Sterne.
Die Piccolomini, II, 6, Illo

Frei ist, wer den Tod nicht fürchtet

Der Preis des Todes
Ein Augenblick, gelebt im Paradiese,
Wird nicht zu teuer mit dem Tode gebüßt.
Don Karlos, I, 5, Karlos

Große Seelen dulden still.
Don Karlos, I, 4, Marquis Posa

Was soll der fürchten, der den Tod nicht fürchtet?
Die Räuber, III, 2, Kosinsky

Rasch tritt der Tod den Menschen an,
Es ist ihm keine Frist gegeben,
Es stürzt ihn mitten in der Bahn,
Es reißt ihn fort vom vollen Leben,
Bereitet oder nicht, zu gehen,
Er muß vor seinen Richter stehen!
Wilhelm Tell, IV, 3, Barmherzige Brüder

Das Leben als Bedingung aller Güter
Jede Aufopferung des Lebens ist zweckwidrig, denn das Leben ist die Bedingung aller Güter; aber Aufopferung des Lebens in moralischer Absicht ist in hohem Grad zweckmäßig, denn das Leben ist nie für sich selbst, nie als Zweck, nur als Mittel zur Sittlichkeit wichtig.
Über den Grund des Vergnügens an tragischen Gegenständen

Das Leben ist der Güter höchstes nicht
Der Übel größtes aber ist die Schuld.
Braut von Messina, IV, letzter Auftritt, Chor (Cajetan) Schlussvers

Neues Leben
Das Alte stürzt, es ändert sich die Zeit,
Und neues Leben blüht aus den Ruinen.
Wilhelm Tell, IV, 2, Attinghausen

Jetzt oder Nie!

Gesetze des Universums
Das eben ist der Fluch der bösen Tat,
Daß sie fortzeugend immer Böses muß gebären.
Die Piccolomini, V, 1, Oktavio Piccolomini

Das Universum ist ein Gedanke Gottes.
Philosophische Briefe: Theosophie des Julius, Die Welt und das denkende Wesen

Die Blume verblüht, die Frucht muß treiben.
Aus: „Das Lied von der Glocke“

Das Unglück schreitet schnell
Doch mit des Geschickes Mächten
Ist kein ew’ger Bund zu flechten,
Und das Unglück schreitet schnell.
Aus: „Das Lied von der Glocke“

Was man von der Minute ausgeschlagen
Gibt keine Ewigkeit zurück.
Aus: „Resignation“

Wer im Glück ist lerne den Schmerz
Ertragen muß man, was der Himmel sendet;
Unbilliges erträgt kein edles Herz.
Wilhelm Tell, I, 3, Hedwig

Nicht an die Güter hänge dein Herz,
Die das Leben vergänglich zieren!
Wer besitzt, der lerne verlieren,
Wer im Glück ist, der lerne den Schmerz!
Die Braut von Messina, IV, 4, Zweiter Chor

Ergreift den Augenblick
O! nimm der Stunde wahr, eh sie entschlüpft.
So selten kommt der Augenblick im Leben,
Der wahrhaft wichtig ist und groß.
Die Piccolomini, II, 2, Illo

Ergreift den Augenblick! Kommt ihm zuvor!
Maria Stuart, IV, 4, Mortimer zu Leicester

Es gibt im Menschenleben Augenblicke,
Wo er dem Weltgeist näher ist als sonst
Und eine Frage frei hat an das Schicksal.
Wallensteins Tod, II, 3, Wallenstein zu Illo

Ich muß den teuren Augenblick ergreifen –
Entschieden sehen muß ich mein Geschick.
Wilhelm Tell, III, 2, Rudenz zu Bertha

Nicht in die ferne Zeit verliere dich,
Den Augenblick ergreife, der ist dein.
Macbeth, I, 15, Lady Macbeth zu Macbeth

Der Augenblick ist kostbar, wie
Das Leben eines Menschen!
Don Karlos, IV, 21, Marquis Posa zu Königin

Der Augenblick verschlingt ein ganzes Leben!
Die Jungfrau von Orleans, III, 2, König Karl zu Erzbischof

Die ganze Weisheit des Menschen sollte eigentlich darin bestehen, jeden Augenblick mit voller Kraft zu ergreifen, ihn so zu benutzen, als wäre es der einzige, letzte. Es ist besser, mit gutem Willen etwas zu schnell tun, als untätig bleiben.
Im Gespräch mit Christiane von Wurmb, 15. Februar 1801

Des Menschen Engel ist die Zeit –
Wallensteins Tod, V, 11 Oktavio Piccolomini zu Buttler

Der Zug des Herzens ist des Schicksals Stimme
Hedwig: Zu schiffen in dem wütgen See! Das heißt
Nicht Gott vertrauen! Das heißt Gott versuchen.
Tell: Wer gar zuviel bedenkt, wird wenig leisten.
Wilhelm Tell, III, 1

Der Zug des Herzens ist des Schicksals Stimme.
(...) Ernst liegt das Leben vor der ernsten Seele
Die Piccolomini, III, 3, Thekla

Drum frisch, Kameraden, den Rappen gezäumt,
Die Brust im Gefecht gelüftet.
Die Jugend brauset, das Leben schäumt,
Frisch auf! eh der Geist noch verdüftet.
Und setzet ihr nicht das Leben ein,
Nie wird euch das Leben gewonnen sein.
Wallensteins Lager, XI, Schluss, Zweiter Jäger

Du mußt glauben, du mußt wagen
Du mußt glauben, du mußt wagen,
Denn die Götter leihn kein Pfand ...
Aus: „Die Sehnsucht“

Wirf das Vergangene von dir, ergreife das Gegenwärtige mit ganzem Herzen!
Demetrius, II, 1, Demetrius

Der Nutzen, das große Idol der Zeit
Der Nutzen ist das große Idol der Zeit, dem alle Kräfte fronen und alle Talente hudligen sollen. Auf dieser groben Waage hat das geistige Verdienst der Kunst kein Gewicht, und, aller Aufmerksamkeit beraubt, verschwindet sie von dem lärmenden Markt des Jahrhunderts.
Über die ästhetische Erziehung des Menschen

Die bittere Wahl

Das grenzenlose Reich der Möglichkeiten
Soll gleich den freien Geist, den der erhabne Flug
Ins grenzenlose Reich der Möglichkeiten trug,
Die Gegenwart mit strengen Fesseln binden;

Er lernt sich selber überwinden,
Ihn wird das heilige Gebot
Der Pflicht, das furchtbare der Not
Nur desto unterwürf'ger finden.
Aus: „Poesie des Lebens"

Nicht Flicken und Stückeln
Die Menschen, in der Regel,
Verstehen sich aufs Flicken und aufs Stückeln
Und finden sich in ein verhaßtes Müssen
Weit besser, als in eine bittre Wahl.
Die Piccolomini, I, 2, Illo zu Questenberg, Isolani

Das Schicksal der Menschen stehet unter sich in fürchterlich schönem Gleichgewicht. Die Waagschale dieses Lebens sinkend wird hochsteigen in jenem, steigend in diesem wird in jenem zu Boden fallen.
Die Räuber, V, 1, Pastor Moser zu Franz von Moor

Ein Zufall nur – vielleicht auch mehr
Ein Zufall nur? Vielleicht auch mehr – Und was
Ist Zufall anders als der rohe Stein,
Der Leben annimmt unter Bildners Hand?
Don Karlos, III, 9, Marquis Posa

Wenn sich andere zum Zweck setzen, die Überlegenheit des Genies über den Zufall zu zeigen, so stelle ich hier ein Gemälde auf, wo die Not das Genie erschuf und die Zufälle Helden machten.
Die Geschichte des Abfalls der vereinigten Niederlande von der spanischen Regierung

Wer das Vertraun vergiftet, mordet das werdende Geschlecht
Denn Krieg ist ewig zwischen List und Argwohn,
Nur zwischen Glauben und Vertraun ist Friede.
Wer das Vertraun vergiftet, o der mordet

Das werdende Geschlecht im Leib der Mutter!
Wallensteins Tod, III, 18, Wallenstein zu Max

Frei von Schuld und Schulden
Unser Schuldbuch sei vernichtet!
Ausgesöhnt die ganze Welt!
Brüder – überm Sternenzelt
Richtet Gott, wie wir gerichtet.
Aus: „An die Freude"

An der Quelle der Geschichte

Die Zeit sucht das Beständige
Die Geschichte der Welt ist sich selbst gleich wie die Gesetze der Natur und einfach wie die Seele des Menschen. Dieselben Bedingungen bringen dieselben Erscheinungen zurück.
Geschichte des Abfalls der vereinigten Niederlande von der spanischen Regierung

„Unaufhaltsam enteilet die Zeit!" – Sie sucht das Beständge.
Sei getreu, und du legst ewige Fesseln ihr an.
Aus: „Das Unwandelbare"

Den Menschen und nicht die Menschen kennen lernen
Was Sie von der Geschichte sagen, ist gewiß ganz richtig, und der Vorzug der Wahrheit, den die Geschichte vor dem Roman voraushat, könnte sie schon allein über ihn erheben. Es fragt sich nur, ob die innere Wahrheit, die ich die philosophische und Kunstwahrheit nennen will und welche in ihrer ganzen Fülle im Roman oder in einer andern poetischen Darstellung herrschen muß, nicht ebensoviel wert hat als die historische.

Was ein Mensch in solchen Lagen so empfindet, handelt und sich ausdrückt, ist ein großes, wichtiges Faktum für den Menschen; und das muß der dramatische oder Romandichter leisten. Die innere Überein-

stimmung, die Wahrheit, wird gefühlt und eingestanden, ohne daß die Begebenheit wirklich vorgefallen sein muß. Der Nutzen ist unverkennbar. Man lernt auf diesem Weg den Menschen und nicht die Menschen kennen, die Gattung und nicht das sich so leicht verlierende Individuum. In diesem großen Felde ist der Dichter Herr und Meister. Aber gerade der Geschichtsschreiber ist oft in den Fall gesetzt, diese wichtigere Art von Wahrheit seiner historischen Richtigkeit nachzusetzen oder mit einer gewissen Unbehilflichkeit anzupassen, welches noch schlimmer ist. Ihm fehlt die Freiheit, mit der sich der Künstler mit schöner Leichtigkeit und Grazie bewegt. Und am Ende hat er weder die eine noch die andre befriedigt.
An Caroline von Beulwitz, Weimar, 10. Dezember 1788

Die Quelle der Geschichte ist Tradition
Die Quelle aller Geschichte ist Tradition, und das Organ der Tradition ist die Sprache. Die ganze Epoche vor der Sprache, so folgenreich sie auch für die Welt gewesen, ist für die Weltgeschichte verloren.
Was heißt und zu welchem Zweck studiert man Universalgeschichte

Aus der Geschichte erst werden Sie lernen, einen Wert auf die Güter zu legen, denen Gewohnheit und unangefochtener Besitz so gern unsre Dankbarkeit rauben.
Was heißt und zu welchem Zweck studiert man Universalgeschichte

Fruchtbar und weit umfassend ist das Gebiet der Geschichte; in ihrem Kreise liegt die ganze moralische Welt. [...] Es ist keiner unter Ihnen allen, dem Geschichte nicht etwas Wichtiges zu sagen hätte...
Was heißt und zu welchem Zweck studiert man Universalgeschichte

Geschichte als Magazin für die Phantasie
Die Geschichte ist überhaupt nur ein Magazin für meine Phantasie, und die Gegenstände müssen sich gefallen lassen, was sie unter meinen Händen werden.
Brief an Körner vom 15. April 1786

Wir sind Sklaven und Opfer der Umstände und der Meinung
Bei allem unserm gerühmten Freiheitssinn sind wir doch wahrlich nur Sklaven und Opfer der Umstände und der Meinung. Was für klägliche Rücksichten waren es, die mir schon einige Male die Freude verdorben haben, mich in Ihrem Umgange zu genießen. Sie verweisen mich an die Zukunft. Wieviel größre Opfer müssten da gebracht werden können!
An Charlotte von Lengefeld und Caroline von Beulwitz, Jena, 24. Juli 1789

Ein herzhafter Widerstand beugt den Arm des Despoten
Wenn die schimmernden Taten der Ruhmsucht und einer verderblichen Herrschbegierde auf unsere Bewunderung Anspruch machen, wie viel mehr eine Begebenheit, wo die bedrängte Menschheit um ihre edelsten Rechte ringt, wo mit der guten Sache ungewöhnliche Kräfte sich paaren und die Hilfsmittel entschloßner Verzweiflung über die furchtbaren Künste der Tyrannei in ungleichem Wettkampf siegen. Groß und beruhigend ist der Fürstengewalt endlich noch eine Hilfe vorhanden ist, daß ihre berechnetsten Plane an der menschlichen Freiheit zu Schanden werden, daß ein herzhafter Widerstand auch den gestreckten Arm eines Despoten beugen, heldenmütige Beharrung seine schrecklichen Hilfsquellen endlich erschöpfen kann. Nirgends durchdrang mich diese Wahrheit so lebhaft als bei der Geschichte jenes denkwürdigen Aufruhrs, der die vereinigten Niederlande auf immer von der spanischen Krone trennte.
Geschichte des Abfalls der vereinigten Niederlande von der spanischen Regierung

Geschichte als unsterbliche Bürgerin aller Nationen und Zeiten
Das Verhältnis eines historischen Datums zu der heutigen Weltverfassung ist es also, worauf gesehen werden muß, um Materialen für die Weltgeschichte zu sammeln. Die Weltgeschichte geht also von einem Prinzip aus, das dem Anfang der Welt gerade entgegenstehet.
Was heißt und zu welchem Ende studiert man Universalgeschichte

Der Mensch verwandelt sich und flieht von der Bühne; seine Meinungen fliehen und verwandeln sich mit ihm: die Geschichte allein bleibt unausgesetzt auf dem Schauplatz, eine unsterbliche Bürgerin aller Nationen und Zeiten.
Was heißt und zu welchem Ende studiert man Universalgeschichte

Der negative Begriff der Freiheit ist nur durch den positiven Begriff seines Gegenteils denkbar
Freiheit kann also nur mit Hilfe der Technik sinnlich dargestellt werden, sowie die Freiheit des Willens nur mit Hilfe der Kausalität, und materiellen Willensbestimmungen gegenüber, gedacht werden kann. Mit anderen Worten: der negative Begriff der Freiheit ist nur durch den positiven Begriff seines Gegenteils denkbar; und so wie die Vorstellung der Naturkausalität nötig ist, um uns auf die Vorstellung der Willensfreiheit zu leiten, so ist eine Vorstellung von Technik nötig um uns im Reich der Erscheinungen auf Freiheit zu leiten.
An Körner, Jena, 23. Februar 1793; Kallias oder Über die Schönheit

Des Schicksals Frucht
Dein Schicksal ruht in deiner eignen Brust!
Die Jungfrau von Orleans, III, 4, Johanna zu Sorel, König Karl

Nur, wenn sie reif ist, fällt des Schicksals Frucht!
Die Jungfrau von Orleans, V, 4, Johanna zu Raimond

Ich waffne mich mit Geduld und Ergebung und werde mich in jedes Schicksal finden.
An Wieland, Jena, 3. Oktober 1791

Zukunft zwischen Zufall und Plan
Der Mensch verarbeitet, glättet und bildet den rohen Stein, den die Zeiten herbeitragen; ihm gehört der Augenblick und der Punkt, aber die Weltgeschichte rollt der Zufall.
Geschichte des Abfalls der vereinigten Niederlande von der spanischen Regierung

Besser ist der Zufall als die Absicht.
Elfride. Dramatischer Entwurf

Nichts Wahres läßt sich von der Zukunft wissen ...
Die Braut von Messina, IV, 4, Isabelle zu Chor (Cajetan und Bohemund)

Im Gewebe unseres Lebens spielen Zufall und Plan eine gleich große Rolle und den letzteren lenken wir, dem Ersteren müssen wir uns blind unterwerfen.
Brief an L. F. Huber vom 25. März 1785

Der Gang unseres Geistes wird so oft durch zufällige Verkettung bestimmt.
An F. Rochlitz, Weimar, 16. April 1801

Dem Menschen die Furcht nehmen
Man könnte den Menschen zum halben Gott bilden, wenn man ihm durch Erziehung alle Furcht zu benehmen suchte. Nichts in der Welt kann den Menschen sonst unglücklich machen, als bloß und allein die Furcht. Das Übel, was uns trifft, ist selten oder nie so schlimm, als das, welches wir befürchteten.
Im Gespräch mit Christiane von Wurmb, 14. März 1801

Dreifach ist der Schritt der Zeit

Dreifach ist der Schritt der Zeit:
Zögernd kommt die Zukunft hergezogen,
Pfeilschnell ist das Jetzt entflogen,
Ewig still steht die Vergangenheit.
Keine Ungeduld beflügelt
Ihren Schritt, wenn sie verweilt.
Keine Furcht, kein Zweifel zügelt
Ihren Lauf, wenn sie enteilt.
Keine Reu, kein Zaubersegen
Kann die Stehende bewegen.

Möchtest du beglückt und weise
Endigen des Lebens Reise,
Nimm die Zögernde zum Rat,
Nicht zum Werkzeug deiner Tat.
Wähle nicht die Fliehende zum Freund,
Nicht die Bleibende zum Feind.
Sprüche des Konfuzius

7. Drei Schlüsseltexte zur Freiheit

Über Anmut und Würde (Auszüge)

Von der Achtung kann man sagen, sie beugt sich vor ihrem Gegenstande; von der Liebe, sie neigt sich zu dem ihrigen; von der Begierde, sie stürzt auf den ihrigen. Bei der Achtung ist das Objekt die Vernunft und das Subjekt die sinnliche Natur. (...)

Der Widerstreit zwischen den Bedürfnissen der Natur und der Forderung des Gesetzes, deren Gültigkeit wir doch eingestehen, spannt die Sinnlichkeit an und erweckt das Gefühl, welches Achtung genannt wird und von der Würde unzertrennlich ist. (...)

Auch tierische Bildungen sprechen, indem ihr Äußres das Innre offenbart. Hier aber spricht bloß die Natur, nie die Freiheit.

Sprechend im engern Sinn ist nur die menschliche Bildung, und diese auch nur in denjenigen ihrer Erscheinungen, die seinen moralischen Empfindungszustand begleiten und demselben zum Ausdruck dienen.

Bei dem Tiere und der Pflanze gibt die Natur nicht bloß die Bestimmung an, sondern führt sie auch allein aus. Dem Menschen aber gibt sie bloß die Bestimmung und überläßt ihm selbst die Erfüllung derselben. Dies allein macht ihn zum Menschen.

Da nun bei dem Tiere die Natur die Bestimmung zugleich gibt und erfüllt, so kann die Bildung des Tiers nie etwas anders als das Werk der Natur ausdrücken. Da die Natur dem Menschen zwar die Bestimmung gibt, aber die Erfüllung derselben in seinen Willen stellt, so kann das gegenwärtige Verhältnis seines Zustandes zu seiner Bestimmung nicht Werk der Natur, sondern muß sein eigenes Werk sein. Der Ausdruck dieses Verhältnisses in seiner Bildung gehört also nicht der Natur, sondern ihm selbst an, das ist ein persönlicher Ausdruck. Wenn wir also aus dem architektonischen Teil seiner Bildung erfahren, was die Natur mit ihm beabsichtet hat, so erfahren wir aus dem mimischen Teil derselben, was er selbst zur Erfüllung dieser Absicht getan hat.

Wir erwarten noch von seiner Gestalt, daß sie uns zugleich offenbare, in wie weit er in seiner Freiheit dem Naturzweck entgegen kam, d. i. daß sie Charakter zeige. In dem erstern Fall sieht man wohl, daß die Natur es mit ihm auf einen Menschen anlegte; aber nur aus dem zweiten ergibt sich, ob er es wirklich geworden ist.

Man erlaube mir, dies durch eine bildliche Vorstellung zu erläutern. Wenn ein monarchischer Staat auf eine solche Art verwaltet wird, daß, obgleich alles nach eines einzigen Willen geht, der einzelne Bürger sich doch überreden kann, daß er nach seinem eigenen Sinne lebe und bloß seiner Neigung gehorche, so nennt man dies eine liberale Regierung. Man würde aber großes Bedenken tragen, ihr diesen Namen zu geben, wenn entweder der Regent seinen Willen gegen die Neigung des Bürgers, oder der Bürger seine Neigung gegen den Willen des Regenten behauptete; denn in dem ersten Fall wäre die Regierung nicht liberal, in dem zweiten wäre sie gar nicht Regierung.

Wenn hingegen der Mensch, unterjocht vom Bedürfnis, den Naturtrieb ungebunden über sich herrschen läßt, so verschwindet mit seiner innern Selbständigkeit auch jede Spur derselben in seiner Gestalt.

Mit einem Worte: bei der Freiheit, welche die Sinnlichkeit sich selbst nimmt, ist an keine Schönheit zu denken. Die Freiheit der Formen, die der sittliche Wille bloß eingeschränkt hatte, überwältigt der grobe Stoff, welcher stets so viel Feld gewinnt, als dem Willen entrissen wird.

Ein Mensch in diesem Zustand empört nicht bloß den moralischen Sinn, der den Ausdruck der Menschheit unnachlaßlich fordert; auch der ästhetische Sinn, der sich nicht mit dem bloßen Stoffe befriedigt, sondern in der Form ein freies Vergnügen sucht, wird sich mit Ekel von einem solchen Anblick abwenden, bei welchem nur die Begierde ihre Rechnung finden kann.

Das erste dieser Verhältnisse zwischen beiden Naturen im Menschen erinnert an eine Monarchie, wo die strenge Aufsicht des Herrschers jede freie Regung im Zaum hält; das zweite an eine wilde Ochlokratie, wo der Bürger durch Aufkündigung des Gehorsams gegen den rechtmäßigen Oberherrn so wenig frei, als die menschliche Bildung durch Unterdrückung der moralischen Selbsttätigkeit schön wird, vielmehr nur dem brutaleren Despotismus der untersten Klassen, wie hier die Form der Masse, anheimfällt. So wie die Freiheit zwischen dem gesetzlichen Druck und der Anarchie mitten inne liegt, so werden wir jetzt auch die Schönheit zwischen der Würde, als dem Ausdruck des herrschenden Geistes, und der Wollust, als dem Ausdruck des herrschenden Triebes, in der Mitte finden.

Wenn nämlich weder die über die Sinnlichkeit herrschende Vernunft noch die über die Vernunft herrschende Sinnlichkeit sich mit Schönheit des Ausdrucks vertragen, so wird (denn es gibt keinen vierten Fall), so wird derjenige Zustand des Gemüts, wo Vernunft und Sinnlichkeit – Pflicht und Neigung zusammenstimmen, die Bedingung sein, unter der die Schönheit des Spiels erfolgt.

Um ein Objekt der Neigung werden zu können, muß der Gehorsam gegen die Vernunft einen Grund des Vergnügens abgeben, dann nur durch Lust und Schmerz wird der Trieb in Bewegung gesetzt. In der gewöhnlichen Erfahrung ist es zwar umgekehrt, und das Vergnügen ist der Grund, warum man vernünftig handelt. Daß die Moral selbst endlich aufgehört hat, diese Sprache zu reden, hat man dem unsterblichen Verfasser der Kritik zu verdanken, dem der Ruhm gebührt, die gesunde Vernunft aus der philosophierenden wieder hergestellt zu haben.

Aber so wie die Grundsätze dieses Weltweisen von ihm selbst und auch von andern pflegen vorgestellt zu werden, so ist die Neigung eine sehr zweideutige Gefährtin des Sittengefühls, und das Vergnügen eine bedenkliche Zugabe zu moralischen Bestimmungen. Wenn der Glückseligkeitstrieb auch keine blinde Herrschaft über den Menschen behauptet, so wird er doch bei dem sittlichen Wahlgeschäfte gerne mitsprechen wollen und so der Reinheit des Willens schaden, der immer nur dem Gesetze und nie dem Triebe folgen soll. Um also völlig sicher zu sein, daß die Neigung nicht mit bestimmte, sieht man sie lieber im Krieg als im Einverständnis mit dem Vernunftgesetze, weil es gar zu leicht sein kann, daß ihre Fürsprache allein ihm seine Macht über den Willen verschaffte. Denn da es beim Sittlichhandeln nicht auf die Gesetzmäßigkeit der Taten, sondern einzig nur auf die Pflichtmäßigkeit der Gesinnungen ankommt, so legt man mit Recht keinen Wert auf die Betrachtung, daß es für die erste gewöhnlich vorteilhafter sei, wenn sich die Neigung auf seiten der Pflicht befindet. So viel scheint also wohl gewiß zu sein, daß der Beifall der Sinnlichkeit, wenn er die Pflichtmäßigkeit des Willens auch nicht verdächtig macht, doch wenigstens nicht im stand ist, sie zu verbürgen. Der sinnliche Ausdruck dieses Beifalls in der Grazie wird also für die Sittlichkeit der Handlung, bei der er angetroffen wird, nie ein hinreichendes und gültiges Zeugnis ablegen, und aus dem schönen Vortrag einer Gesinnung oder Handlung wird man nie ihren moralischen Wert erfahren.

Bis hierher glaube ich mit den Rigoristen der Moral vollkommen einstimmig zu sein; aber ich hoffe dadurch noch nicht zum Latitudinarier zu werden, daß ich die Ansprüche der Sinnlichkeit, die im Felde der reinen Vernunft und bei der moralischen Gesetzgebung völlig zurückgewiesen sind, im Feld der Erscheinung und bei der wirklichen Ausübung der Sittenpflicht noch zu behaupten versuche.

So gewiß ich nämlich überzeugt bin – und eben darum, weil ich es bin – daß der Anteil der Neigung an einer freien Handlung für die reine Pflichtmäßigkeit dieser Handlung nichts beweist, so glaube ich eben daraus folgern zu können, daß die sittliche Vollkommenheit des Menschen gerade nur aus diesem Anteil seiner Neigung an seinem moralischen Handeln erhellen kann. Der Mensch nämlich ist nicht dazu bestimmt, einzelne sittliche Handlungen zu verrichten, sondern ein sittliches Wesen zu sein.

Nicht Tugenden, sondern die Tugend ist seine Vorschrift, und Tugend ist nichts anderes „als eine Neigung zur Pflicht“. Wie sehr also auch Handlungen aus Neigung und Handlungen aus Pflicht in objektivem Sinne einander entgegenstehen, so ist dies doch in subjektivem Sinn nicht also, und der Mensch darf nicht nur, sondern soll Lust und Pflicht in Verbindung bringen; er soll seiner Vernunft mit Freuden gehorchen. Nicht um sie wie eine Last wegzuwerfen, oder wie eine grobe Hülle von sich abzustreifen, nein, um sie aufs innigste mit seinem höhern Selbst zu vereinbaren, ist seiner reinen Geisternatur eine sinnliche beigesellt. Dadurch schon, daß sie ihn zum vernünftig sinnlichen Wesen, d. i. zum Menschen machte, kündigte ihm die Natur die Verpflichtung an, nicht zu trennen, was sie verbunden hat, auch in den reinsten Äußerungen seines göttlichen Teiles den sinnlichen nicht hinter sich zu lassen und den Triumph des einen nicht auf Unterdrückung des andern zu gründen. Erst alsdann, wenn sie aus seiner gesamten Menschheit als die vereinigte Wirkung beider Prinzipien hervorquillt, wenn sie ihm zur Natur geworden ist, ist seine sittliche Denkart geborgen, denn so Lange der sittliche Geist noch Gewalt anwendet, so muß der Naturtrieb ihm noch Macht entgegenzusetzen haben. Der bloß niedergeworfene Feind kann wieder aufstehen, aber der versöhnte ist wahrhaft überwunden.

Die Gesetzgebung des Lykurgus und Solon (Auszüge)

Sparta

(...) Um den Lykurgischen Plan gehörig würdigen zu können, muß man auf die damalige politische Lage von Sparta zurücksehen und die Verfassung kennen lernen, worin er Lacedämon fand, als er seinen neuen Entwurf zum Vorschein brachte. Zwei Könige, beide mit gleicher Gewalt versehen, standen an der Spitze des Staats; jeder eifersüchtig auf den andern, jeder geschäftig, sich einen Anhang zu machen und dadurch die Gewalt seines Throngehilfen zu beschränken. Diese Eifersucht hatte sich von den zwei ersten Königen Prokles und Eurysthenes auf ihre beiderseitigen Linien bis auf Lykurg fortgeerbt, daß Sparta während dieses langen Zeitraums unaufhörlich von Faktionen beunruhigt wurde. Jeder König suchte durch Bewilligung großer Freiheiten das Volk zu bestechen, und diese Bewilligungen führten das Volk zur Frechheit und endlich zum Aufruhr. Zwischen Monarchie und Demokratie schwankte der Staat hin und wieder und ging mit schnellem Wechsel von einem Extrem auf das andere über. Zwischen den Rechten des Volks und der Gewalt der Könige waren noch keine Grenzen gezeichnet, der Reichtum floß in wenigen Familien zusammen. Die reichen Bürger tyrannisierten die armen, und die Verzweiflung der letztern äußerte sich in Empörung.

Von innerer Zwietracht zerrissen, mußte der schwache Staat die Beute seiner kriegerischen Nachbarn werden oder in mehrere kleinere Tyrannien zerfallen. So fand Lykurgus Sparta; unbestimmte Grenzen der königlichen und Volksgewalt, ungleiche Aufteilung der Glücksgüter unter den Bürgern, Mangel an Gemeingeist und Eintracht und eine gänzliche politische Entkräftung waren die Übel, die sich dem Gesetzgeber am dringendsten darstellten, auf die er also bei seiner Gesetzgebung vorzüglich Rücksicht nahm. (...)

Die erste Einrichtung betraf die Regierung. Um künftig auf immer zu verhindern, daß die Republik zwischen königlicher Tyrannei und anarchischer Demokratie hin- und hergeworfen würde, legte Lykurgus eine dritte Macht als Gegengewicht in die Mitte; er gründete einen Senat. Die Senatoren, achtundzwanzig an der Zahl und also dreißig mit den Königen, sollten auf die Seite des Volks treten, wenn die Könige ihre Gewalt mißbrauchten, und, wenn im Gegenteil die Gewalt des Volks zu groß werden wollte, die Könige gegen dasselbe in Schutz nehmen. Eine vortreffliche Anordnung, wodurch Sparta auf immer allen den gewaltsamen innern Stürmen entging, die es bisher erschüttert hatten. Dadurch ward es jedem Teile unmöglich gemacht, den andern unter die Füße zu treten; gegen Senat und Volk konnten die Könige nichts ausrichten, und eben so wenig konnte das Volk das Übergewicht erhalten, wenn der Senat mit den Königen gemeine Sache machte.

Aber einem dritten Fall hatte Lykurgus nicht begegnet – wenn nämlich der Senat selbst seine Macht mißbrauchte. Der Senat konnte sich als ein Mitglied, ohne Gefahr der öffentlichen Ruhe, gleich leicht mit den Königen wie mit dem Volk verbinden, aber ohne große Gefahr des Staats durften sich die Könige nicht mit dem Volk gegen den Senat vereinigen. Dieser letzte fing daher bald an, diese vorteilhafte Lage zu benutzen und einen ausschweifenden Gebrauch von seiner Gewalt zu machen, welches um so mehr gelang, da die geringe Anzahl der Senatoren es ihnen leicht machte, sich mit einander einzuverstehen. Der Nachfolger des Lykurgus ergänzte deswegen diese Lücke und führte die Ephoren ein, welche der Macht des Senats einen Zaum anlegten.

Gefährlicher und kühner war die zweite Anordnung, welche Lykurgus machte. Diese war, das ganze Land in gleichen Teilen unter den Bürgern zu verteilen und den Unterschied zwischen Reichen und Armen auf immerdar aufzuheben. Ganz Lakonien wurde in dreißigtausend Felder, der Acker um die Stadt Sparta selbst in neuntausend Felder geteilt, jedes groß genug, daß eine Familie reichlich damit auskommen konnte. Sparta gab jetzt einen schönen, reizenden Anblick, und Lykurgus selbst weidete sich an diesem Schauspiel, als er in der Folge das Land durchreiste. Ganz Lakonien, rief er aus, gleicht einem Acker, den Brüder brüderlich unter sich teilten.

Eben so gerne, wie die Äcker, hätte Lykurgus auch die beweglichen Güter verteilt, aber diesem Vorhaben stellten sich unüberwindliche Schwierigkeiten entgegen. Er versuchte also durch Umwege zu diesem

Ziele zu gelangen und das, was er nicht durch ein Machtwort aufheben konnte, von sich selbst fallen zu machen. Er fing damit an, alle goldnen und silbernen Münzen zu verbieten und an ihrer Statt eiserne einzuführen. Zugleich gab er einem großen und schweren Stück Eisen einen sehr geringen Werth, daß man einen großen Raum brauchte, um eine kleine Geldsumme aufzubewahren, und viele Pferde, um sie fortzuschaffen. Ja, damit man nicht einmal versucht werden möchte, dieses Geld des Eisens wegen zu schätzen und zusammenzuscharren, so ließ er das Eisen, welches dazu genommen wurde, vorher glühend in Essig löschen und härten, wodurch es zu jedem andern Gebrauche untüchtig wurde.

Wer sollte nun stehlen oder sich bestechen lassen, oder Reichtümer aufzuhäufen trachten, da der kleine Gewinn weder verhehlt noch genutzt werden konnte?

Nicht genug, daß Lykurg seinen Mitbürgern dadurch die Mittel zur Üppigkeit entzog – er rückte ihnen auch die Gegenstände derselben aus den Augen, die sie dazu hätten reizen können. Spartas eiserne Münze konnte kein fremder Kaufmann brauchen, und eine andere hatten sie ihm nicht zu geben. Alle Künstler, die für den Luxus arbeiteten, verschwanden jetzt aus Lakonien, kein auswärtiges Schiff erschien mehr in seinen Häfen, kein Abenteurer zeigte sich mehr, sein Glück in diesem Lande zu suchen, kein Kaufmann kam, die Eitelkeit und Wollust zu brandschatzen, denn sie konnten nichts mit sich hinwegnehmen, als eiserne Münzen, die in allen andern Ländern verachtet wurden. Der Luxus hörte auf, weil Niemand da war, der ihn unterhalten hätte.

Lykurg arbeitete noch auf eine andre Art der Üppigkeit entgegen. Er verordnete, daß alle Bürger an einem öffentlichen Orte in Gemeinschaft zusammen speisen und alle dieselbe vorgeschriebene Kost mit einander teilen sollten. Es war nicht erlaubt, zu Hause der Weichlichkeit zu dienen und sich durch eigne Köche kostbare Speisen zurichten zu lassen. Jeder mußte monatlich eine gewisse Summe an Lebensmitteln zu der öffentlichen Mahlzeit geben, und dafür erhielt er die Kost von dem Staat. Fünfzehn speisten gewöhnlich an einem Tische zusammen, und jeder Tischgenosse mußte alle übrigen Stimmen für sich haben, um an die Tafel aufgenommen zu werden. Wegbleiben durfte keiner ohne eine gültige Entschuldigung; dieses Gebot wurde so strenge gehalten, daß selbst Agis, einer der folgenden Könige, als er aus einem rühmlich geführten Kriege nach Sparta zurückkam und mit seiner Gemahlin allein speisen wollte, eine abschlägige Antwort von den Ephoren erhielt. Unter den Speisen der Spartaner ist die schwarze Suppe berühmt; ein Gericht, zu dessen Lobe gesagt wurde, die Spartaner hätten gut tapfer sein, weil es kein so großes Übel wäre, zu sterben, als ihre schwarze Suppe zu essen. Ihre Mahlzeit würzten sie mit Lustigkeit und Scherz, denn Lykurg selbst war so sehr ein Freund der geselligen Freude, daß er dem Gott des Lachens in seinem Hause einen Altar errichtete.

Durch die Einführung dieser gemeinschaftlichen Speisung gewann Lykurgus für seinen Zweck sehr viel. Aller Luxus an kostbarem Tafelgeräte hörte auf, weil man an dem öffentlichen Tisch keinen Gebrauch davon machen konnte. Der Schwelgerei wurde auf immer Einhalt getan; gesunde und starke Körper waren die Folge dieser Mäßigkeit und Ordnung, und gesunde Väter konnten dem Staate starke Kinder zeugen. Die gemeinschaftliche Speisung gewöhnte die Bürger, mit einander zu leben und sich als Glieder desselben Staatskörpers zu betrachten – nicht einmal zu gedenken, daß eine so gleiche Lebensweise auch auf die gleiche Stimmung der Gemüter Einfluß haben musste. (...)

Lykurgus begriff wohl, daß es nicht damit getan sei, Gesetze für seine Mitbürger zu schaffen; er mußte auch Bürger für diese Gesetze erschaffen. In den Gemütern der Spartaner mußte er seiner Verfassung die Ewigkeit sichern, in diesen mußte er die Empfänglichkeit für fremde Eindrücke abtöten.

Der wichtigste Teil seiner Gesetzgebung war daher die Erziehung, und durch diese schloß er gleichsam den Kreis, in welchem der spartanische Staat sich um sich selbst bewegen sollte. Die Erziehung war ein wichtiges Werk des Staats; und der Staat ein fortdauerndes Werk dieser Erziehung.

Seine Sorgfalt für die Kinder erstreckte sich bis auf die Quellen der Zeugung. Die Körper der Jungfrauen wurden durch Leibesübungen gehärtet, um starke gesunde Kinder leicht zu gebären. Sie gingen sogar unbekleidet, um alle Unfälle der Witterung auszuhalten. Der Bräutigam mußte sie rauben und durfte sie auch nur des Nachts und verstohlen besuchen. Dadurch blieben Beide in den ersten Jahren der Ehe einander immer noch fremd, und ihre Liebe blieb neu und lebendig. Aus der Ehe selbst wurde alle Eifersucht verbannt. Alles, auch die Schamhaftigkeit, ordnete der Gesetzgeber seinem Hauptzweck unter. Er opferte die weibliche Treue auf, um gesunde Kinder für den Staat zu gewinnen.

Sobald das Kind geboren war, gehörte es dem Staat. – Vater und Mutter hatten es verloren. Es wurde von den Ältesten besichtigt; wenn es stark und wohlgebildet war, übergab man es einer Wärterin; war es schwächlich und mißgestaltet, so warf man es in einen Abgrund an dem Berge Taygetus.

Die spartanischen Wärterinnen wurden wegen der harten Erziehung, die sie den Kindern gaben, in ganz Griechenland berühmt und in entfernte Länder berufen. Sobald ein Knabe das siebente Jahr erreicht hatte, wurde er ihnen genommen und mit Kindern seines Alters gemeinschaftlich erzogen, ernährt und unterrichtet. Frühe lehrte man ihn Beschwerlichkeiten Trotz bieten und durch Leibesübungen eine Herrschaft über seine Glieder erlangen. Erreichten sie die Jünglingsjahre, so hatten die edelsten unter ihnen Hoffnung, Freunde unter den Erwachsenen zu erhalten, die durch eine begeisterte Liebe an sie gebunden waren. Die Alten waren bei ihren Spielen zugegen, beobachteten das aufkeimende Genie und ermunterten die Ruhmbegierde durch Lob oder Tadel. Wenn sie sich satt essen wollten, so mußten sie die Lebensmittel dazu stehlen, und wer sich ertappen ließ, hatte eine harte Züchtigung und Schande zu erwarten. Lykurgus wählte dieses Mittel, um sie frühe an List und Ränke zu gewöhnen – Eigenschaften, die er für den kriegrischen Zweck, zu dem er sie bildete, eben so wichtig glaubte, als Leibesstärke und Mut. Wir haben schon oben gesehen, wie wenig gewissenhaft Lykurgus im Betreff der Sittlichkeit war, wenn es darauf ankam, seinen politischen Zweck zu verfolgen.

Übrigens muß man in Betrachtung ziehen, daß weder die Entweihung der Ehen, noch dieser befohlene Diebstahl in Sparta den politischen Schaden anrichten konnten, den sie in jedem andern Staate würden zur Folge gehabt haben. Da der Staat die Erziehung der Kinder übernahm, so war sie unabhängig von dem Glück und der Reinheit der Ehen; da in Sparta wenig Werth auf dem Eigentum ruhte und fast alle

Güter gemeinschaftlich waren, so war die Sicherheit des Eigentums kein so wichtiger Punkt, und ein Angriff darauf – besonders wenn der Staat selbst ihn lenkte und Absichten dadurch erreichte – kein bürgerliches Verbrechen. (...)

Der Plan des Lykurgus brachte es mit sich, daß die Anhänglichkeit an das Eigentum der Anhänglichkeit an das Vaterland durchaus nachstand, und daß die Gemüter, durch keine Privatsorge zerstreut, nur dem Staate lebten. Darum fand er für gut und notwendig, seinen Mitbürgern auch die Geschäfte des gewöhnlichen Lebens zu ersparen und diese durch Fremdlinge verrichten zu lassen, damit auch nicht einmal die Sorge der Arbeit oder die Freude an häuslichen Geschäften ihren Geist von dem Interesse des Vaterlands abzöge.

Die Äcker und das Haus wurden deswegen von Sklaven besorgt, die in Sparta dem Vieh gleich geachtet wurden. Man nennt sie Heloten, weil die ersten Sklaven der Spartaner Einwohner der Stadt Helos in Lakonien gewesen, die sie bekriegt und zu Gefangenen gemacht hatten. Von diesen Heloten führten nachher alle spartanischen Sklaven, die sie in ihren Kriegen erbeuteten, den Namen. Abscheulich war der Gebrauch, den man in Sparta von diesen unglücklichen Menschen machte. Man betrachtete sie als ein Geräte, von dem man zu politischen Absichten, wie man wollte, Gebrauch machen könnte, und die Menschheit wurde auf eine wirklich empörende Art in ihnen verspottet. (...) So viel ist übrigens gewiß und in Griechenland zum Sprichwort geworden, daß die spartanischen Sklaven die unglückseligsten aller andern Sklaven, so wie die spartanischen freien Bürger die freiesten aller Bürger gewesen.

Weil den Letztern alle Arbeiten durch die Heloten abgenommen waren, so brachten sie ihr ganzes Leben müßig zu; die Jugend übte sich in kriegerischen Spielen und Geschicklichkeiten, und die Alten waren die Zuschauer und Richter bei diesen Übungen. Einem spartanischen Greis gereichte es zur Schande, von dem Ort wegzubleiben, wo die Jugend erzogen wurde. Auf diese Art kam es, daß jeder Spartaner mit dem Staate lebte; alle Handlungen wurden dadurch öffentliche Handlungen. Unter den Augen der Nation reifte die Jugend heran und verblühte das Alter. Unaufhörlich hatte der Spartaner Sparta vor Augen und Sparta ihn. Er war Zeuge von allem, und alles war Zeuge seines

Lebens. Die Ruhmbegierde erhielt einen immerwährenden Sporn, der Nationalgeist eine unaufhörliche Nahrung; die Idee von Vaterland und vaterländischem Interesse verwuchs mit dem innersten Leben aller seiner Bürger. Noch andre Gelegenheiten, diese Triebe zu entflammen, gaben die öffentlichen Feste, welche in dem müßigen Sparta sehr zahlreich waren. (...)

Werfen wir einen bloß flüchtigen Blick auf die Gesetzgebung des Lykurgus, so befällt uns wirklich ein angenehmes Erstaunen. Unter allen ähnlichen Instituten des Altertums ist sie unstreitig die vollendetste, die mosaische Gesetzgebung ausgenommen, der sie in vielen Stücken und vorzüglich in dem Principium gleicht, das ihr zum Grund liegt. Sie ist wirklich in sich selbst vollendet. Alles schließt sich darin aneinander an. Eines wird durch Alles und Alles durch Eines gehalten. Bessere Mittel konnte Lykurgus wohl nicht wählen, den Zweck zu erreichen, den er vor Augen hatte, einen Staat nämlich, der, von allen übrigen isoliert, sich selbst genug und fähig wäre, durch innern Kreislauf und eigne lebendige Kraft sich selbst zu erhalten. Kein Gesetzgeber hat je einem Staate diese Einheit, dieses Nationalinteresse, diesen Gemeingeist gegeben, den Lykurgus dem seinigen gab. Und wodurch hat Lykurgus dieses bewirkt? – Dadurch, daß er die Tätigkeit seiner Mitbürger in den Staat zu leiten wußte und ihnen alle andern Wege zuschloß, die sie hätten davon abziehen können.

Altes, was Menschenseelen fesselt und Leidenschaften entzündet, alles, außer dem politischen Interesse, hatte er durch seine Gesetzgebung entfernt. Reichtum und Wollüste, Wissenschaft und Kunst hatten keinen Zugang zu den Gemütern der Spartaner. Durch die gleiche gemeinschaftliche Armut fiel die Vergleichung der Glücksumstände weg, die in den meisten Menschen die Gewinnsucht entzündet; der Wunsch nach Besitztümern fiel mit der Gelegenheit hinweg, sie zu zeigen und zu nutzen. Durch die tiefe Unwissenheit in Kunst und Wissenschaft, welche alle Köpfe in Sparta auf gleiche Art verfinsterte, verwahrte er es vor Eingriffen, die ein erleuchteter Geist in die Verfassung getan haben würde; eben diese Unwissenheit, mit dem rauhen Nationaltrotz verbunden, der jedem Spartaner eigentümlich war, stand ihrer Vermischung mit andern griechischen Völkern unaufhörlich im Wege. In der Wiege schon waren sie zu Spartanern gestempelt, und je mehr sie andern Nationen entgegen stießen, desto fester mußten sie an ihrem Mittelpunkt halten. Das Vaterland war das erste Schauspiel, das sich dem spartanischen Knaben zeigte, wenn er zum Denken erwachte. Er erwachte im Schoss des Staats; alles, was um ihn lag, war Nation, Staat und Vaterland. Es war der erste Eindruck in seinem Gehirne, und sein ganzes Leben war eine ewige Erneuerung dieses Eindrucks.

Zu Hause fand der Spartaner nichts, das ihn hätte fesseln können; alle Reize hatte der Gesetzgeber seinen Augen entzogen. Nur im Schosse des Staats fand er Beschäftigung, Ergötzung, Ehre, Belohnung; alle seine Triebe und Leidenschaften waren nach diesem Mittelpunkt hingeleitet. Der Staat hatte also die ganze Energie, die Kraft aller seiner einzelnen Bürger, und an dem Gemeingeist, der alle zusammen entflammte, mußte sich der Nationalgeist jedes einzelnen Bürgers entzünden. Daher ist es kein Wunder, daß die spartanische Vaterlandstugend einen Grad von Stärke erreichte, der uns unglaublich scheinen muß. Daher kam es, daß bei dem Bürger dieser Republik gar kein Zweifel statt finden konnte, wenn es darauf ankam, zwischen Selbsterhaltung und Rettung des Vaterlands eine Wahl zu treffen. (...)

Man muß also eingestehen, daß nichts zweckmäßiger, nichts durchdachter sein kann, als diese Staatsverfassung, daß sie in ihrer Art ein vollendetes Kunstwerk vorstellt und, in ihrer ganzen Strenge befolgt, notwendig auf sich selbst hätte ruhen müssen.

Wäre aber meine Schilderung hier zu Ende, so würde ich mich eines sehr großen Irrtums schuldig gemacht haben. Diese bewunderungswürdige Verfassung ist im höchsten Grade verwerflich, und nichts Traurigeres könnte der Menschheit begegnen, als wenn alle Staaten nach diesem Muster wären gegründet worden. Es wird uns nicht schwer fallen, uns von dieser Behauptung zu überzeugen.

Gegen seinen eignen Zweck gehalten, ist die Gesetzgebung des Lykurgus ein Meisterstück der Staats- und Menschenkunde. Er wollte einen mächtigen, in sich selbst gegründeten, unzerstörbaren Staat; politische Stärke und Dauerhaftigkeit waren das Ziel, wonach er strebte, und dieses Ziel hat er so weit erreicht, als unter seinen Umständen möglich war. Aber hält man den Zweck, welchen Lykurgus sich vorsetzte, gegen den Zweck der Menschheit, so muß eine tiefe Mißbilligung an die Stelle der Bewunderung treten, die uns der erste flüchtige Blick abgewonnen hat. Alles darf dem Besten des Staats zum Opfer gebracht werden, nur dasjenige nicht, dem der Staat selbst nur als ein Mittel dient. Der Staat selbst ist niemals Zweck, er ist nur wichtig als eine Bedingung, unter welcher der Zweck der Menschheit erfüllt werden kann, und dieser Zweck der Menschheit ist kein andrer, als Ausbildung aller Kräfte des Menschen, Fortschreitung. Hindert eine Staatsverfassung, daß alle Kräfte, die im Menschen liegen, sich entwickeln; hindert sie die Fortschreitung des Geistes, so ist sie verwerflich und schädlich, sie mag übrigens noch so durchdacht und in ihrer Art noch so vollkommen sein. Ihre Dauerhaftigkeit selbst gereicht ihr alsdann vielmehr zum Vorwurf, als zum Ruhme – sie ist dann nur ein verlängertes Übel; je länger sie Bestand hat, um so schädlicher ist sie.

Überhaupt können wir bei Beurteilung politischer Anstalten als eine Regel festsetzen, daß sie nur gut und lobenswürdig sind, insofern sie alle Kräfte, die im Menschen liegen, zur Ausbildung bringen, insofern sie Fortschreitung der Kultur befördern, oder wenigstens nicht hemmen. Dieses gilt von Religions-, wie von politischen Gesetzen; beide sind verwerflich, wenn sie eine Kraft des menschlichen Geistes fesseln, wenn sie ihm in irgend etwas einen Stillstand auferlegen. Ein Gesetz z. B., wodurch eine Nation verbunden würde, bei dem Glaubensschema beständig zu verharren, das ihr in einer gewissen Periode als das vortrefflichste erschienen, ein solches Gesetz wäre ein Attentat gegen die Menschheit, und keine noch so scheinbare Absicht würde es rechtfertigen können. Es wäre unmittelbar gegen das höchste Gut, gegen den höchsten Zweck der Gesellschaft gerichtet. Mit diesem allgemeinen Maßstab versehen, können wir nicht lange zweifelhaft sein, wie wir den Lykurgischen Staat beurteilen sollen.

Eine einzige Tugend war es, die in Sparta mit Hintansetzung aller andern geübt wurde, Vaterlandsliebe. Diesem künstlichen Triebe wurden die natürlichsten, schönsten Gefühle der Menschheit zum Opfer gebracht. (...)

Lange Zeit hat man jene spartanische Mutter bewundert, die ihren aus dem Treffen entkommenen Sohn mit Unwillen von sich stößt und nach dem Tempel eilt, den Göttern für den gefallenen zu danken. Zu einer solchen unnatürlichen Stärke des Geistes hätte man der Menschheit nicht Glück wünschen sollen. Eine zärtliche Mutter ist eine weit schönere Erscheinung in der moralischen Welt, als ein heroisches Zwittergeschöpf, das die natürliche Empfindung verleugnet, um eine künstliche Pflicht zu befriedigen. (...)

Auf eine noch empörendere Art wurde das allgemeine Menschengefühl in Sparta abgetötet, und die Seele aller Pflichten, die Achtung gegen die Gattung, ging unwiederbringlich verloren. Ein Staatsgesetz machte den Spartanern die Unmenschlichkeit gegen ihre Sklaven zur Pflicht; in diesen unglücklichen Schlachtopfern wurde die Menschheit beschimpft und mißhandelt. In dem spartanischen Gesetzbuche selbst wurde der gefährliche Grundsatz gepredigt, Menschen als Mittel und nicht als Zwecke zu betrachten – dadurch wurden die Grundfesten des Naturrechts und der Sittlichkeit gesetzmäßig eingerissen. Die ganze Moralität wurde preisgegeben, um etwas zu erhalten, das doch nur als ein Mittel zu dieser Moralität einen Wert haben kann.

Kann etwas widersprechender sein, und kann ein Widerspruch schrecklichere Folgen haben, als diese? Nicht genug, daß Lykurgus auf den Ruin der Sittlichkeit seinen Staat gründete, er arbeitete auf eine andre Art gegen den höchsten Zweck der Menschheit, indem er durch sein fein durchdachtes Staatssystem den Geist der Spartaner auf derjenigen Stufe festhielt, worauf er ihn fand, und auf ewig alle Fortschreitung hemmte.

Aller Kunstfleiß war aus Sparta verbannt, alle Wissenschaften wurden vernachlässigt, aller Handelsverkehr mit fremden Völkern verboten, alles Auswärtige wurde ausgeschlossen. Dadurch wurden alle Kanäle gesperrt, wodurch einer Nation helle Begriffe zufließen konnten; in einer ewigen Einförmigkeit, in einem traurigen Egoismus sollte sich der spartanische Staat ewig nur um sich selbst bewegen. Das Geschäft aller seiner vereinigten Bürger war, sich zu erhalten, was sie besaßen, und zu bleiben, was sie waren, nichts Neues zu bewerben, nicht auf eine höhere Stufe zu steigen. Unerbittliche Gesetze mußten darüber wachen, daß keine Neuerung in das Uhrwerk des Staates griff, daß selbst der Fortschritt der Zeit an der Form der Gesetze nichts veränderte. Um diese lokale, diese temporäre Verfassung dauerhaft zu machen, mußte man den Geist des Volks auf derjenigen Stelle fest halten, worauf er bei ihrer Gründung gestanden. Wir haben aber gesehen, daß Fortschreitung des Geistes das Ziel des Staates sein soll.

Der Staat des Lykurgus konnte nur unter der einzigen Bedingung fortdauern, wenn der Geist des Volks still stünde; er konnte sich also nur dadurch erhalten, daß er den höchsten und einzigen Zweck eines Staats verfehlte. Was man also zum Lobe des Lykurgus angeführt hat, daß Sparta nur so lange blühen würde, als es dem Buchstaben seinem Gesetzes folgte, ist das Schlimmste, was von ihm gesagt werden konnte. Eben dadurch, daß es die alte Staatsform nicht verlassen durfte, die Lykurg ihm gegeben, ohne sich dem gänzlichen Untergang auszusetzen, daß es bleiben mußte, was es war, daß es stehen mußte, wo ein einziger Mann es hingeworfen, eben dadurch war Sparta ein unglücklicher Staat – und kein traurigeres Geschenk hätte ihm sein Gesetzgeber machen können, als diese gerühmte ewige Dauer einer Verfassung, die seiner wahren Größe und Glückseligkeit so sehr im Wege stand.

Nehmen wir dies zusammen, so verschwindet der falsche Glanz, wodurch die einzige hervorstechende Seite des spartanischen Staats ein unerfahrnes Auge blendet – wir sehen nichts mehr als einen schülerhaften unvollkommenen Versuch – das erste Exercitium des jugendlichen Weltalters, dem es noch an Erfahrung und hellen Einsichten fehlte, die wahren Verhältnisse der Dinge zu erkennen. So fehlerhaft dieser erste Versuch ausgefallen ist, so wird und muß er einem philosophischen Forscher der Menschengeschichte immer sehr merkwürdig bleiben. Immer war es ein Riesenschritt des menschlichen Geistes, dasjenige als ein Kunstwerk zu behandeln, was bis jetzt dem Zufall und der Leidenschaft überlassen gewesen war. Unvollkommen mußte notwendig der erste Versuch in der schwersten aller Künste sein, aber schätzbar bleibt er immer, weil er in der wichtigsten aller Künste angestellt worden ist. Die Bildhauer fingen mit Hermessäulen an, ehe sie sich zu der vollkommnen Form eines Antinous, eines vatikanischen Apolls erhoben; die Gesetzgeber werden sich noch lange in rohen Versuchen üben, bis sich ihnen endlich das glückliche Gleichgewicht der gesellschaftlichen Kräfte von selbst darbietet.

Der Stein leidet geduldig den bildenden Meißel, und die Saiten, die der Tonkünstler anschlägt, antworten ihm, ohne seinem Finger zu widerstreben. Der Gesetzgeber allein bearbeitet einen selbsttätigen widerstrebenden Stoff – die menschliche Freiheit. Nur unvollkommen kann er das Ideal in Erfüllung bringen, das er in seinem Gehirne noch so rein entworfen hat; aber hier ist der Versuch allein schon alles Lobes wert, wenn er mit uneigennützigem Wohlwollen unternommen und mit Zweckmäßigkeit vollendet wird.

Athen

Das erste, womit er (Solon) sein Werk eröffnete, war das berühmte Edikt, Seisachtheia der Erledigung genannt, wodurch alle Schulden aufgehoben und zugleich verboten wurde, daß künftig keiner dem andern auf seinen Leib etwas leihen durfte. Dieses Edikt war allerdings ein gewaltsamer Angriff auf das Eigentum, aber die höchste Not des Staats machte einen gewaltsamen Schritt notwendig. Er war unter zwei Übeln das kleinere, denn die Klasse des Volks, welche dadurch litt, wer weit geringer als die, welche dadurch glücklich wurde.

Bürger, welche durch außerordentliche Verdienste oder Glück zu einem Größern Einfluß und Ansehen gelangt waren, als sich mit der republikanischen Gleichheit vertrug, und die also angingen, der bürgerlichen Freiheit gefährlich zu werden, verbannte man zuweilen – ehe sie diese Verbannung verdienten. Um den Staat zu retten, war man unrecht gegen einen einzelnen Bürger. Die Idee, welche diesem Gebrauche zum Grund liegt, ist an sich zu loben; aber das Mittel, welches man erwählte, zeugt von einer kindischen Politik.

Es ist ein Vorzug, den die alten Gesetzgeber vor den neuern haben, daß sie ihre Menschen den Gesetzen zubilden, die sie ihnen erteilen, daß sie auch die Sittlichkeit, den Charakter, den gesellschaftlichen Umgang mitnehmen und den Bürger nie von dem Menschen trennen wie wir. Bei uns stehen die Gesetze nicht selten in direktem Widerspruch mit den Sitten. Bei den Alten standen Gesetze und Sitten in einer viel schöneren Harmonie. Ihre Staatskörper haben daher auch eine so lebendige Wärme, die den unsrigen ganz fehlt; mit unzerstörbaren Zügen war der Staat in die Seelen der Bürger gegraben.

Wenn unsre Gesetzgeber Unrecht getan haben, daß sie moralische Pflichten und Sitten ganz vernachlässigten, so hatten die Gesetzgeber der Griechen darin Unrecht, daß sie moralische Pflichten mit dem Zwang der Gesetze einschärfen. Zur moralischen Schönheit der Handlungen ist Freiheit des Willens die erste Bedingung, und diese Freiheit ist dahin, sobald man moralische Tugend durch gesetzliche Strafen erzwingen will. Das edelste Vorrecht der menschlichen Natur ist, sich selbst zu bestimmen und das Gute um des Guten willen tun. Kein bürgerliches Gesetz darf Treue gegen den Freund, Großmut gegen den Feind, Dankbarkeit gegen Vater und Mutter zwangsmäßig gebieten; denn sobald es dieses tut, wird eine freie moralische Empfindung in ein Werk der Furcht, in eine sklavische Regung verwandelt.

Gesetze (sind) nur Dienerinnen der Bildung sind, und Nationen (haben) in ihrem männlichen Alter eine andere Führung nötig haben als in ihrer Kindheit (...)

Die Übel, welche von einer Demokratie unzertrennlich sind, tumultuarische und leidenschaftliche Entscheidungen und der Geist der Faktion, konnten freilich in Athen nicht vermieden werden – aber diese Übel sind doch weit mehr der Form, die er wählte, als dem Wesen der Demokratie zuzuschreiben.

Bewundernswert bleibt mit immer der Geist, der den Solon bei seiner Gesetzgebung beseelte, der Geist der gesunden und echten Staatskunst, die das Grundprinzipium, worauf alle Staaten ruhen müssen, nie aus den Augen verlor; sich selbst die Gesetze zu geben, denen man gehorchen soll, und die Pflichten des Bürgers aus Einsicht und aus Liebe zum Vaterland, nicht aus sklavischer Furcht vor der Strafe, nicht aus blinder und schlaffer Ergebung in den Willen eines Obern zu erfüllen.

Schön und trefflich war es von Solon, daß er Achtung hatte für die menschliche Natur und nie den Menschen dem Staat, nie den Zweck dem Mittel aufopferte, sondern den Staat dem Menschen dienen ließ. Seine Gesetze waren laxe Bänder, an denen sich der Geist der Bürger frei und leicht nach allen Richtungen bewegte und nie empfand, daß sie ihn lenkten; die Gesetze des Lykurgus waren eiserne Fesseln, an denen der kühne Mut sich wund rieb, die durch ihr drückendes Gewicht den Geist niederzogen. Alle mögliche Bahnen schloß der atheniensische Gesetzgeber dem Genie und dem Fleiß seiner Bürger auf; der spartanische Gesetzgeber vermauerte seinigen alle bis auf eine einzige – das politische Verdienst. Lykurg befahl den Müßiggang durch Gesetze, Solon strafte ihn strenge. Darum reiften in Athen alle Tugenden, blühten alle Gewerbe und Künste, regten sich alle Sehnen des Fleißes; darum wurden alle Felder des Wissens dort bearbeitet. Wo findet man in Sparta einen Sokrates, einen Thukydides, einen Sophokles und Plato? Sparta konnte nur Herrscher und Krieger – keine Künstler, keine Dichter, keine Denker, keine Weltbürger erzeugen. Beide, Solon wie Lykurg, waren große Männer, beide waren rechtschaffne Männer, aber wie verschieden haben sie gewirkt, weil sie von entgegengesetzten Prinzipien ausgingen. Um den atheniensischen Gesetzgeber steht die Freiheit und die Freude, der Fleiß und der Überfluß – stehen alle Künste und Tugenden, alle Grazien und Musen herum, sehen dankbar zu ihm auf und nennen ihn ihren Vater und Schöpfer. Um den Lykurgus sieht man nichts als Tyrannei und ihr schreckliches Gegenteil, die Knechtschaft, die ihre Ketten schüttelt und dem Urheber ihres Elends flucht.

Der Charakter eines ganzen Volks ist der treueste Abdruck seiner Gesetze und also auch der sicherste Richter ihres Werts oder Unwerts. Beschränkt war der Kopf des Spartaners und unempfindlich sein Herz. Er war stolz und hochfahrend gegen seine Bundsgenossen, hart gegen seine Überwundenen, unmenschlich gegen seine Sklaven und knechtisch gegen seine Obern; in seinen Unterhandlungen war er ungewissenhaft und treulos, in seinen Entscheidungen despotisch, und seiner Größe, seiner Tugend selbst fehlte es an der gefälligen Anmut, welche allein die Herzen gewinnt. Der Athenienser hingegen war weichmütig und sanft im Umgang, höflich aufgeweckt im Gespräch, leutselig gegen den Geringen, gastfrei und gefällig gegen den Fremden. Er liebte zwar Weichlichkeit und Putz, aber dies hinderte nicht, daß er im Treffen nicht wie ein Löwe kämpfte. Gekleidet in Purpur und mit Wohlgerüchen gesalbt, brachte er die Millionen des Xerxes und die rauhen Spartaner auf gleiche Weise zum Zittern. Er liebte die Vergnügungen der Tafel und konnte nur schwer dem Reiz der Wollust widerstehen; aber Völlerei und schamloses Betragen machten ehrlos in Athen. Delikatesse und Wohlanständigkeit wurden bei keinem Volke des Altertums so getrieben als bei diesem: in einem Kriege mit dem mazedonischen Philipp hatten die Athenienser einige Briefe des Königs aufgefangen, unter denen auch einer an seine Gemahlin war; die übrigen alle wurden geöffnet, diesen einzigen schickten sie unerbrochen zurück. Der Athenienser war großmütig im Glücke, und im Unglücke standhaft – dann kostete es ihn nichts, für das Vaterland alles zu wagen. Seine Sklaven behandelte er menschlich, und der mißhandelte Knecht durfte seinen Tyrannen verklagen. Selbst die Tiere erfuhren die Großmut dieses Volkes; nach vollendetem Bau des Tempels Hekatonpedon wurde verordnet, alle Lasttiere, welche dabei geschäftig gewesen, frei zu lassen und auf ihr ganzes künftiges Leben auf den besten Weiden umsonst zu ernähren. Eins dieser Tiere kam nachher von freien Stücken zur Arbeit und lief mechanisch vor den übrigen her, welche Lasten zogen. Dieser Anblick rührte die Athenienser so sehr, daß sie verordneten, dieses Tier auf Unkosten des Staats inskünftig besonders zu unterhalten.

Indessen bin ich es der Gerechtigkeit schuldig, auch die Fehler der Athenienser nicht zu verschweigen, denn die Geschichte soll keine Lobrednerin sein. Dieses Volk, das wir seiner feinen Sitten, seiner Sanftmut, seiner Weisheit wegen bewundert haben, befleckte sich nicht selten mit dem schändlichsten Undank gegen seine größten Männer, mit Grausamkeit gegen seine überwundenen Feinde. Durch die Schmeicheleien seiner Redner verdorben; trotzig auf seine Freiheit und auf so viele glänzende Vorzüge eitel, drückte es seine Bundsgenossen und Nachbarn oft mit unerträglichem Stolze und ließ sich bei öffentlichen Beratschlagungen von einem leichtsinnigen Schwindelgeist leiten, der oft die Bemühungen seiner weisesten Staatsmänner zunichte machte und den Staat an den Rand des Verderbens riß. Jeder einzelne Athenienser war lenksam und weichmütig; aber in öffentlichen Versammlungen war er der vorige Mann nicht mehr. Daher schildert uns Aristophanes seine Landsleute als vernünftige Greise zu Hause und als Narren in Versammlungen. Die Liebe zum Ruhme und der Durst nach Neuheit beherrschte sie bis zur Ausschweifung; an den Ruhm setzte der

Athenienser oft seine Glücksgüter, sein Leben und nicht selten – seine Tugend. Eine Krone von Ölzweigen, eine Inschrift auf einer Säule, die sein Verdienst verkündigte, war ihm ein feurigerer Sporn zu großen Taten als dem Perser alle Schätze des großen Königs. So sehr das atheniensische Volk seinen Undank übertrieb, so ausschweifend war es wieder in seiner Dankbarkeit. (...)

Das Volk behielt völlige Freiheit, zu wählen und zu verwerfen, aber durch die Kunst, womit man ihm die Dinge vorzulegen wusste, lenkte man diese Freiheit. Eine vortreffliche Einrichtung, wenn die Funktion der Redner immer in reinen und treuen Händen geblieben wäre. Bald aber wurden aus diesen Rednern Sophisten, die ihren Ruhm darein setzten, das Schlimme gut und das Gute schlimm zu machen. (...)

Die Übel, welche von einer Demokratie unzertrennlich sind, tumultuarische und leidenschaftliche Entscheidungen und der Geist der Faktion, konnten freilich in Athen nicht vermieden werden. (...)

Dieser Sucht nach Neuheit mußte man täglich neue Nahrung reichen, wenn sie sich nicht gegen den Staat selbst kehren sollte. Darum rettete ein Schauspiel; das man zu rechter Zeit gab, oft die öffentliche Ruhe, welche der Aufruhr bedrohte – darum hatte oft ein Usurpator gewonnen Spiel, wenn er nur diesem Hange des Volks durch eine Reihe von Lustbarkeiten opferte. Aber eben darum wehe dem verdientesten Bürger, wenn er die Kunst nicht verstand, täglich neu zu sein und sein Verdienst zu verjüngen! (...)

Um den atheniensischen Gesetzgeber steht die Freiheit und die Freude, der Fleiß und der Überfluß – stehen alle Künste und Tugenden, alle Grazien und Musen herum, sehen dankbar zu ihm auf und nennen ihn ihren Vater und Schöpfer. Um den Lykurgus sieht man nichts als Tyrannei und ihr schreckliches Gegenteil, die Knechtschaft, die ihre Ketten schüttelt und den Urheber ihres Elends flucht.

Wilhelm Tell (Auszüge)

Erster Aufzug, 2. Szene, Zu Steinen in Schwyz

Gertrud und Stauffacher
Stauffacher setzt sich kummervoll auf eine Bank unter der Linde. So findet ihn Gertrud, seine Frau, die sich neben ihn stellt, und ihn eine Zeitlang schweigend betrachtet.

Gertrud:
So ernst, mein Freund? Ich kenne dich nicht mehr.
Schon viele Tage seh ich's schweigend an,
Wie finstrer Trübsinn deine Stirne furcht.
Auf deinem Herzen drückt ein still Gebresten,
Vertrau es mir, ich bin dein treues Weib,
Und meine Hälfte fordr ich deines Grams.

Stauffacher reicht ihr die Hand und schweigt.
Was kann dein Herz beklemmen, sag es mir.
Gesegnet ist dein Fleiss, dein Glücksstand blüht,
Voll sind die Scheunen, und der Rinder Scharen,
Der glatten Pferde wohlgenährte Zucht
Ist von den Bergen glücklich heimgebracht
Zur Winterung in den bequemen Ställen.
Da steht dein Haus, reich, wie ein Edelsitz
von schönem Stammholz ist es neu gezimmert
Und nach dem Richtmass ordentlich gefügt
Von vielen Fenstern glänzt es wohnlich, hell,
Mit bunten Wappenschildern ist's bemalt,
Und weisen Sprüchen, die der Wandersmann
Verweilend liest und ihren Sinn bewundert.

Stauffacher:
Wohl steht das Haus gezimmert und gefügt,
Doch ach – es wankt der Grund, auf den wir bauten.

Gertrud:
Mein Werner sage, wie verstehst du das?

Stauffacher:
Vor dieser Linde saß ich jüngst wie heut,
Das schön Vollbrachte freudig überdenkend,
Da kam daher von Küssnacht, seiner Burg,
Der Vogt mit seinen Reisigen geritten.
Vor diesem Hause hielt er wundernd an,
Doch ich erhub mich schnell, und unterwürfig
Wie sich's gebührt, trat ich dem Herrn entgegen,
Der uns des Kaisers richterliche Macht
Vorstellt im Lande. „Wessen ist dies Haus?"
Fragt' er bösmeinend, denn er wußt es wohl.
Doch schnell besonnen ich entgegn ihm so:
Dies Haus, Herr Vogt, ist meines Herrn des Kaisers,
Und Eures und mein Lehen – da versetzt er:
„Ich bin Regent im Land an Kaisers Statt,
Und will nicht, daß der Bauer Häuser baue
Auf seine eigne Hand, und also frei
Hinleb, als ob er Herr wär in dem Lande,
Ich werd mich unterstehn, euch das zu wehren."
Dies sagend ritt er trutziglich von dannen,
Ich aber blieb mit kummervoller Seele,
Das Wort bedenkend, das der Böse sprach.

Gertrud:
Mein lieber Herr und Ehewirt! Magst du
Ein redlich Wort von deinem Weib vernehmen?
Des edlen Ibergs Tochter rühm ich mich,
Des vielerfahrnen Manns. Wir Schwestern saßen,
Die Wolle spinnend, in den langen Nächten,
Wenn bei dem Vater sich des Volkes Häupter
Versammelten, die Pergamente lasen
Der alten Kaiser, und des Landes Wohl

Bedachten in vernünftigem Gespräch.
Aufmerkend hört ich da manch kluges Wort,
Was der Verständ'ge denkt, der Gute wünscht,
Und still im Herzen hab ich mir's bewahrt.
So höre denn und acht auf meine Rede,
Denn was dich presste, sieh das wußt ich längst.
Dir grollt der Landvogt, möcht gern dir schaden,
Denn du bist ihm ein Hindernis, daß sich
Der Schwyzer nicht dem neuen Fürstenhaus
Will unterwerfen, sondern treu und fest
Beim Reich beharren, wie die würdigen
Altvordern es gehalten und getan. –
Ist's nicht so Werner? Sag es, wenn ich lüge!

Stauffacher:
So ist's, das ist des Gesslers Groll auf mich.

Gertrud:
Er ist dir neidisch, weil du glücklich wohnst,
Ein freier Mann auf deinem eignen Erb
Denn er hat keins. Vom Kaiser selbst und Reich
Trägst du dies Haus zu Lehn, du darfst es zeigen,
So gut der Reichsfürst seine Länder zeigt,
Denn über dir erkennst du keinen Herrn
Als nur den Höchsten in der Christenheit –
Er ist ein jüngrer Sohn nur seines Hauses,
Nichts nennt er sein als seinen Rittermantel,
Drum sieht er jedes Biedermannes Glück
Mit scheelen Augen gift'ger Mißgunst an,
Dir hat er längst den Untergang geschworen –
Noch stehst du unversehrt – Willst du erwarten,
Bis er die böse Lust an die gebüßt?
Der kluge Mann baut vor.

Stauffacher:
Was ist zu tun?

Gertrud tritt näher:
So höre meinen Rat! Du weißt, wie hier
Zu Schwyz sich alle Redlichen beklagen
Ob dieses Landvogts Geiz und Wüterei.
So zweifle nicht, daß sie dort drüben auch
In Unterwalden und im Urner Land
Des Dranges müd sind und des harten Jochs –
Denn wie der Gessler hier, so schafft es frech
Der Landenberger drüben überm See –
Es kommt kein Fischerkahn zu uns herüber,
Der nicht ein neues Unheil und Gewalt-
Beginnen von den Vögten uns verkündet.
Drum tät es gut, daß eurer etliche,
Die's redlich meinen, still zu Rate gingen,
Wie man des Drucks sich möcht erledigen.
So acht ich wohl, Gott würd euch nicht verlassen,
Und der gerechten Sache gnädig sein –
Hast du in Uri keinen Gastfreund, sprich,
Dem du dein Herz magst redlich offenbaren?

Stauffacher:
Der wackern Männer kenn ich viele dort,
Und angesehen große Herrenleute,
Die mir geheim sind und gar wohl vertraut.

Er steht auf.

Frau, welchen Sturm gefährlicher Gedanken
Weckst du mir in der stillen Brust! Mein Innerstes
Kehrst du ans Licht des Tages mir entgegen,
Und was ich mir zu denken still verbot,
Du sprichst's mit leichter Zunge kecklich aus.

Hast du auch wohl bedacht, was du mir rätst?
Die wilde Zwietracht und den Klang der Waffen
Rufst du in dieses friedgewohnte Tal –
Wir wagten es, ein schwaches Volk der Hirten,
In Kampf zu gehen mit dem Herrn der Welt?
Der gute Schein nur ist's, worauf sie warten,
Um loszulassen auf dies arme Land
Die wilden Horden ihrer Kriegesmacht,
Darin zu schalten mit des Siegers Rechten,
Und unterm Schein gerechter Züchtigung
Die alten Freiheitsbriefe zu vertilgen.

Gertrud:
Ihr seid auch Männer, wißet eure Axt
zu führen, und dem Mutigen hilft Gott!

Stauffacher:
O Weib! Ein furchtbar wütend Schrecknis ist
Der Krieg, die Herde schlägt er und den Hirten.

Gertrud:
Ertragen muß man, was der Himmel sendet,
Unbilliges erträgt kein edles Herz.

Stauffacher:
Dies Haus erfreut dich, das wir neu erbauten.
Der Krieg, der ungeheure, brennt es nieder.

Gertrud:
Wüsst ich mein Herz an zeitlich Gut gefesselt,
Den Brand wärf ich hinein mit eigner Hand.

Stauffacher:
Du glaubst an Menschlichkeit! Es schont der Krieg
Auch nicht das zarte Kindlein in der Wiege.

Gertrud:
Die Unschuld hat im Himmel einen Freund!
– Sieh vorwärts, Werner, und nicht hinter dich.

Stauffacher:
Wir Männer können tapfer fechtend sterben,
Welch Schicksal aber wird das eure sein?

Gertrud:
Die letzte Wahl steht auch dem Schwächsten offen,
Ein Sprung von dieser Brücke macht mich frei.

Stauffacher stürzt in ihre Arme:
Wer solch ein Herz an seinen Busen drückt,
Der kann für Herd und Hof mit Freuden fechten.
Und keines Königs Heermacht fürchtet er –
Nach Uri fahr ich stehnden Fußes gleich,
Dort lebt ein Gastfreund mir, Herr Walther Fürst,
Der über diese Zeiten denkt wie ich.
Auch find ich dort den edlen Bannerherrn
Von Attinghaus – obgleich von hohem Stamm
Liebt er das Volk und ehrt die alten Sitten.
Mit ihnen beiden pfleg ich Rats, wie man
Der Landesfeinde mutig sich erwehrt –
Leb wohl – und weil ich fern bin, führe du
Mit klugem Sinn das Regiment des Hauses –
Dem Pilger, der zum Gotteshause wallt,
Dem frommen Mönch, der für sein Kloster sammelt,
Gib reichlich und entlass ihn wohlgepflegt.
Stauffachers Haus verbirgt sich nicht. Zuäußerst
Am offnen Heerweg steht's, ein wirtlich Dach
Für alle Wandrer, die des Weges fahren.

Zweiter Aufzug, 2. Szene (Auf dem Rütli)

Eine Wiese von hohen Felsen und Wald umgeben. Auf den Felsen sind Steige, mit Geländern, auch Leitern, von denen man nachher die Landleute herabsteigen sieht. Im Hintergrund zeigt sich der See, über welchem anfangs ein Mondregenbogen zu sehen ist. Den Prospekt schließen hohe Berge, hinter welchen noch höhere Eisgebirge ragen. Es ist völlig Nacht auf der Szene, nur der See und die weissen Gletscher leuchten im Mondlicht.

Walther Fürst:
So müssen wir auf unserm eigenen Erb
Und väterlichem Boden uns verstohlen
Zusammenschleichen wie die Mörder tun,
Und bei der Nacht, die ihren schwarzen Mantel
Nur dem Verbrechen und der sonnenscheuen
Verschwörung leihet, unser gutes Recht
Uns holen, das doch lauter ist und klar,
Gleichwie der glanzvoll offne Schoß des Tages.

Melchtal:
Lasst's gut sein. Was die dunkle Nacht gesponnen,
Soll frei und fröhlich an das Licht der Sonnen.

Rösselmann:
Hört was mir Gott ins Herz gibt, Eidgenossen!
Wir stehen hier statt einer Landsgemeinde,
Und können gelten für ein ganzes Volk,
So laßt uns tagen nach den alten Bräuchen
Des Lands, wie wir's in ruhigen Zeiten pflegen,
Was ungesetzlich ist in der Versammlung,
Entschuldige die Not der Zeit. Doch Gott
Ist überall, wo man das Recht verwaltet,
Und unter seinem Himmel stehen wir.

Stauffacher:
Wohl, laßt uns tagen nach der alten Sitte,
Ist es gleich Nacht, so leuchtet unser Recht.

Melchtal:
Ist gleich die Zahl nicht voll, das Herz ist hier
Des ganzen Volks, die Besten sind zugegen.

Konrad Hunn:
Sind auch die alten Bücher nicht zur Hand,
Sie sind in unsre Herzen eingeschrieben.

Rösselmann:
Wohlan, so sei der Ring sogleich gebildet,
Man pflanze auf die Schwerter der Gewalt.

Auf der Mauer:
Der Landesammann nehme seinen Platz,
Und seine Weibel stehen ihm zur Seite!
Alle heben die rechte Hand auf.

Reding tritt in die Mitte:
Ich kann die Hand nicht auf die Bücher legen,
So schwör ich droben bei den ew'gen Sternen,
Daß ich mich nimmer will vom Recht entfernen.

Man richtet die Schwerter vor ihm auf, der Ring bildet sich um ihn her, Schwyz hält die Mitte, rechts stellt sich Uri und links Unterwalden. Er steht auf sein Schlachtschwert gestützt.

Was ist's, das die drei Völker des Gebirgs
Hier an des Sees unwirtlichem Gestade
Zusammenführte in der Geisterstunde?
Was soll der Inhalt sein des neuen Bunds,
Den wir hier unterm Sternenhimmel stiften?

Stauffacher tritt in den Ring:
Wir stiften keinen neuen Bund, es ist
Ein uralt Bündnis nur von Väterzeit,
Das wir erneuern! Wisset Eidgenossen!
Ob uns der See, ob uns die Berge scheiden,
Und jedes Volk sich für sich selbst regiert,
So sind wir eines Stammes doch und Bluts,
Und eine Heimat ist's, aus der wir zogen.
(...)
In Mitte ihres Lands sich angesiedelt,
Finden die Schwyzer Männer sich heraus,
Es gibt das Herz, das Blut sich zu erkennen.
Reicht rechts und links die Hand hin.

Auf der Mauer:
Ja wir sind eines Herzens, eines Bluts!

Alle sich die Hände reichend:
Wir sind ein Volk, und einig wollen wir handeln.

Stauffacher:
Die andern Völker tragen fremdes Joch,
Sie haben sich dem Sieger unterworfen.
Es leben selbst in unsern Landesmarken
Der Saßen viel, die fremde Pflichten tragen,
Und ihre Knechtschaft erbt auf ihre Kinder.
Doch wir, der alten Schweizer echter Stamm,
Wir haben stets die Freiheit uns bewahrt.
Nicht unter Fürsten bogen wir das Knie,
Freiwillig wählten wir den Schirm der Kaiser.
(...)
Wir haben diesen Boden uns erschaffen
Durch unsrer Hände Fleiß, den alten Wald,
Der sonst der Bären wilde Wohnung war,
Zu einem Sitz für Menschen umgewandelt,

Die Brut des Drachen haben wir getötet,
Der aus den Sümpfen giftgeschwollen stieg,
Die Nebeldecke haben wir zerrissen,
Die ewig grau um diese Wildnis hing,
Den harten Fels gesprengt, über den Abgrund
Der Boden – und der fremde Herrenknecht
Soll kommen dürfen und uns Ketten schmieden,
Und Schmach antun auf unsrer eignen Erde?
Ist keine Hülfe gegen solchen Drang?

Eine grosse Bewegung unter den Landleuten.

Nein, eine Grenze hat Tyrannenmacht,
Wenn der Gedrückte nirgends Recht kann finden,
Wenn unerträglich wird die Last – greift er
Hinauf getrosten Mutes in den Himmel,
Und holt herunter seine ew'gen Rechte,
Die droben hangen unveräußerlich
Und unzerbrechlich wie die Sterne selbst –
Der alte Urstand der Natur kehrt wieder,
Wo Mensch dem Menschen gegenübersteht –
Zum letzten Mittel, wenn kein andres mehr
Verfangen will, ist ihm das Schwert gegeben –
Der Güter höchstes dürfen wir verteid'gen
Gegen Gewalt – Wir stehn vor unser Land,
Wir stehn vor unsre Weiber, unsre Kinder!

Alle an ihre Schwerter schlagend:
Wir stehn vor unsre Weiber, unsre Kinder!
(...)

Reding:
Eidgenossen!
Sind alle sanften Mittel auch versucht?
Vielleicht weiß es der König nicht, es ist

Wohl gar sein Wille nicht, was wir erdulden.
Auch dieses letzte sollten wir versuchen,
Erst unsre Klage bringen vor sein Ohr,
Eh wir zum Schwerte greifen. Schrecklich immer
Auch in gerechter Sache ist Gewalt,
Gott hilft nur dann, wenn Menschen nicht mehr helfen.
(...)

Auf der Mauer:
Ihr habt's gehört. Recht und Gerechtigkeit
Erwartet nicht vom Kaiser! Helft euch selbst!

Reding:
Nichts andres bleibt uns übrig. Nun gebt Rat,
Wie wir es klug zum frohen Ende leiten.

Walther Fürst tritt in den Ring:
Abtreiben wollen wir verhaßten Zwang,
Die alten Rechte, wie wir sie ererbt
Von unsern Vätern, wollen wir bewahren,
Nicht ungezügelt nach dem Neuen greifen.
Dem Kaiser bleibe, was des Kaisers ist,
Wer einen Herrn hat, dien ihm pflichtgemäß.
(...)
Was sein muß, das geschehe, doch nicht drüber.
Die Vögte wollen wir mit ihren Knechten
Verjagen und die festen Schlösser brechen,
Doch wenn es sein mag, ohne Blut. Es sehe
Der Kaiser, daß wir notgedrungen nur
Der Ehrfurcht fromme Pflichten abgeworfen.
Und sieht er uns in unsern Schranken bleiben,
Vielleicht besiegt er staatsklug seinen Zorn,
Denn bill'ge Furcht erwecket sich ein Volk,
Das mit dem Schwerte in der Faust sich mäßigt.

Reding:
Doch laßet hören! Wie vollenden wir's?
Es hat der Feind die Waffen in der Hand,
Und nicht fürwahr in Frieden wird er weichen.

Stauffacher:
Er wird's, wenn er in Waffen uns erblickt,
Wir überraschen ihn, eh er sich rüstet.

Reding:
Die Zeit bringt Rat. Erwartet's in Geduld.
Man muß dem Augenblick auch was vertrauen.
Doch seht, indes wir nächtlich hier noch tagen,
Stellt auf den höchsten Bergen schon der Morgen
Die glühnde Hochwacht aus – Kommt, laßt uns scheiden,
Eh uns des Tages Leuchten überrascht.

Walther Fürst:
Sorgt nicht, die Nacht weicht langsam aus den Tälern.

Alle haben unwillkürlich die Hüte abgenommen und betrachten mit stiller Sammlung die Morgenröte.

Rösselmann:
Bei diesem Licht, das uns zuerst begrüßt
Von allen Völkern, die tief unter uns
Schweratmend wohnen in dem Qualm der Städte,
Lasst uns den Eid des neuen Bundes schwören.

Wir wollen sein ein einzig Volk von Brüdern,
In keiner Not uns trennen und Gefahr.

Alle sprechen es nach mit erhobenen drei Fingern.

Wir wollen frei sein wie die Väter waren,
Eher den Tod, als in der Knechtschaft leben.

Wir wollen trauen auf den höchsten Gott
Und uns nicht fürchten vor der Macht der Menschen.

Wie oben. Die Landleute umarmen einander.

Stauffacher:
Jetzt gehe jeder seines Weges still
Zu seiner Freundschaft und Genoßsame,
Wer Hirt ist, wintre ruhig seine Herde,
Und werb im stillen Freunde für den Bund,
Was noch bis dahin muß erduldet werden,
Erduldet's! Laßt die Rechnung der Tyrannen
Anwachsen, bis ein Tag die allgemeine
Und die besondre Schuld auf einmal zahlt.
Bezähme jeder die gerechte Wut,
Und spare für das Ganze seine Rache,
Denn Raub begeht am allgemeinen Gut,
Wer selbst sich hilft in seiner eignen Sache.

Dritter Aufzug, 3. Szene
Tell und Walther (Vater und Sohn)

Tell:
Wenn man hinuntersteigt von unsern Höhen,
Und immer tiefer steigt, den Strömen nach,
Gelangt man in ein grosses ebnes Land,
Wo die Waldwasser nicht mehr brausend schäumen,
Die Flüsse ruhig und gemächlich ziehn,
Da sieht man frei nach allen Himmelsräumen,
Das Korn wächst dort in langen schönen Auen,
Und wie ein Garten ist das Land zu schauen.

Walther:
Ei Vater, warum steigen wir denn nicht
Geschwind hinab in dieses schöne Land,
Statt daß wir uns hier ängstigen und plagen?

Tell:
Das Land ist schön und gütig wie der Himmel,
Doch die's bebauen, sie geniessen nicht
Den Segen, den sie pflanzen.

Walther:
Wohnen sie Nicht frei wie du auf ihrem eignen Erbe?

Tell:
Das Feld gehört dem Bischof und dem König.

Walther:
So dürfen sie doch frei in Wäldern jagen?

Tell:
Dem Herrn gehört das Wild und das Gefieder.

Walther:
Sie dürfen doch frei fischen in dem Strom?

Tell:
Der Strom, das Meer, das Salz gehört dem König.

Walther:
Wer ist der König denn, den alle fürchten?

Tell:
Es ist der eine, der sie schützt und nährt.

Walther:
Sie können sich nicht mutig selbst beschützen?

Tell:
Dort darf der Nachbar nicht dem Nachbar trauen.

Walther:
Vater, es wird mir eng im weiten Land,
Da wohn ich lieber unter den Lawinen.

Tell:
Ja wohl ist's besser, Kind, die Gletscherberge
Im Rücken zu haben, als die bösen Menschen.

Literaturhinweise

Gesamtausgaben:

Friedrich Schiller, Sämtliche Werke in 6 Bänden, Großherzog Wilhelm Ernst Ausgabe, Insel Verlag, Leipzig, 1905 ff.

Friedrich Schiller, Werke, Nationalausgabe begr. von Julius Petersen, fortgeführt von Liselotte Blumenthal und Benno Wiese, hrsg. im Auftrag der Stiftung Weimarer Klassik und des Schiller Nationalmuseums Marbach von Norbert Oellers, Weimar, 1943 ff.

Friedrich Schiller, Werke, 20 Bde. Aufgrund der Originaldrucke hrsg. von Gerhard Fricke und Herbert G. Göpfert, Carl Hanser Verlag, München, 1958-59.

Friedrich Schiller, Werke und Briefe in zwölf Bänden. Deutschen Klassiker Verlag, hrsg. von Otto Dann u.a., Frankfurt am Main, 1988 ff.

Friedrich Schiller, Sämtliche Werke in fünf Bänden. Herausgegeben von Peter Alt, Albert Meier und Wolfgang Riedel, Carl Hanser Verlag, München, Wien, 2004.

Zitate:

Lautenbach, Ernst, Lexikon der Schiller Zitate, Judicium Verlag, München, 2003.

Prossliner, Johann, Kleines Lexikon der Schiller Zitate, DTV, München, 2004.

Schafarschik, Walter (hrsg.), Schiller Brevier, Reihe Reclam, Stuttgart, 2000.

Biographien:

Alt, Peter-André, Schiller, Leben – Werk – Zeit, 2 Bde, Beck Verlag, München, 2000.

Damm, Sigrid, Das Leben des Friedrich Schiller. Eine Wanderung. Insel Verlag, Frankfurt am Main, 2004.

Haller Nevermann, Marie, Friedrich Schiller. Ich kann nicht Fürstendiener sein. Aufbau Verlag, Berlin, 2004.

Aufenander Jörg, Friedrich Schiller. Biographie, Artemis & Winkler, Düsseldorf, 2004.

Safranski Rüdiger, Schiller oder die Erfindung des Deutschen Idealismus, Carl Hanser Verlag, München, 2004